走向世界——夜幕下的西安曲江会展中心

厚重的历史——西安古城墙鸟瞰

永远的守护——西安临潼兵马俑

洗尽铅华今又现——西安钟鼓楼外景

古城新貌——西安高新开发区

"曲江池馆，应待人来" ——西安曲江夜景

历史的沉思——西安大雁塔广场一瞥

盛唐恢弘——西安大唐不夜城

摄影：陈 强

风韵西安

FENGYUN XI'AN

张宁 主编

张宇 张抒 副主编

国家开放大学出版社

北 京

图书在版编目（CIP）数据

风韵西安／张宁主编.—北京：中央广播电视
大学出版社，2013.9（2018.9重印）
　ISBN 978-7-304-06307-8

　Ⅰ.①风…　Ⅱ.①张…　Ⅲ.①文化史-西安市
Ⅳ.①K294.11

中国版本图书馆CIP数据核字（2012）第214585号

风韵西安

张　宁　主编

张　宇　张　抒　副主编

出版·发行：国家开放大学出版社（原中央广播电视大学出版社）
电话：营销中心 010-68180820　　　　总编室 010-68182524
网址：http://www.crtvup.com.cn
地址：北京市海淀区西四环中路45号　　邮编：100039
经销：新华书店北京发行所

策划编辑：王鑫鑫　　　　　　　　版式设计：何智杰
责任编辑：翟永存　　　　　　　　责任校对：王　亚
责任印制：赵连生

印刷：北京密云胶印厂　　　　　　印数：16001-21000
版本：2013年8月第1版　　　　　2018年9月第6次印刷
开本：185mm×230mm　　印张：10.5　字数：201千字　　彩插：2页

书号：ISBN 978-7-304-06307-8
定价：29.00元

风韵西安编写人员

主　　编：张　宁

副　主　编：张　宇　张　抒

编写人员：柏民理　陈胜兵　李昕燃　姚　晖

序　言

　　"西有罗马，东有长安"。西安作为一座世界级古都，其辉煌灿烂的历史成就了千余年的古都情韵。然而，提起西安，人们联想到的往往是上千年前的汉唐盛世。翻开一本本有关西安的书籍，浓墨重彩的描述总是聚焦于西安十三朝的历史。赞美西安古代博大雄厚文化的同时，却也有长长的叹息，似乎现代西安仅仅是八百里秦川黄土飞扬的苍凉，是西安厚重城墙的沉郁，是西安人"一碗黏面，喜气洋洋"的简朴，是城墙根下吼秦腔的粗犷，是关中"八大怪"的土气……

　　是的，唐代的长安城，在公元907年分崩瓦解后，衰落了一千多年。然而，自20世纪80年代中国实施改革开放以来，西安发生了翻天覆地的巨变，西安正在重新向现代国际化大都市的宏伟目标迈进！

　　一座城市的魅力，在于文化，文化是一座城市的灵魂。西安的文化，是可以触摸的。它或许是一方碑文、一组建筑、一片街区、一道小吃，也可以是一个传说、一段故事、一首小诗……

　　本书的编写，重点在于彰显古代西安和现代西安的文化风貌和城市精神，力求体现古代西安和现代西安的个性特色。全书共分为六章，从这座城市的兴起、发展、鼎盛、没落到现代国际化大都市的复兴，讲述西安的城市发展，宣扬西安的城市文化，提炼西安的城市精神，展现西安的城市特色。本书不仅仅是诠释西安千年的历史和风貌，更是让世人了解一个厚重沉郁、传奇华丽的新西安！

　　西安从历史走来，并向未来走去。西安，这座沉寂了一千多年的汉唐帝都，这座既古老又年轻的城市，正在进行一场伟大的复兴。西安，将续写璀璨艳丽的华章，让汉唐的雄伟和辉煌再度闪耀！

编　者
2013 年 5 月

目　录

第三章　领略魅力：气度恢弘

第四章　感受人文：淳朴与粗犷之美

第五章　古都留胜迹：历史与人文之忆

风 韵 西 安

FENG YUN XI AN

第 一 章

掠影古城：传统与现代之路

西安，古称长安，是一座千年古都，以历史悠久、风景优美、文化积淀丰厚而著称于世。自公元前 1057 年至公元 904 年，长达 2100 年的时间里，西安一直是中国政治、经济、文化的中心，是中国古代作为都城时间最长的城市。1981 年，联合国教科文组织把西安确定为"世界历史名城"。

西安与意大利的罗马、希腊的雅典、埃及的开罗并称为"世界四大古都"；与我国洛阳（洛邑）、南京（金陵）、北京（北平）、开封（汴梁）、杭州（临安）并称为"中国六大古都"，且居六大古都之首。

西安还有"十三朝古都"的美称。先后在西安建都的朝代有：西周、秦、西汉、新（莽）、东汉（献帝初）、西晋（愍帝）、前赵、前秦、后秦、西魏、北周、隋、唐 13 个王朝。

罗马哲人奥古斯都说过，"一座城市的历史就是一个民族的历史"。西安，这座永恒的城市，就像一部活的史书，一幕幕、一页页记录着中华民族的沧桑巨变。

第一节 古都得天独厚的自然环境和地理位置

长期以来，西安就是人们的宜居之地。西安地处黄河流域中部的关中平原，位于渭河之南，秦岭之北，自然环境十分优越。远在战国中期，张仪以"连横"之计游说秦惠文王时，称关中平原"沃野千里"，是所谓"天府"之地。这比成都平原获得"天府之国"的称谓早了半个多世纪。

一、家国之中

西安位居中国地理版图的中心（中国大地原点在西安附近），位于东经 107.40 度~109.49 度和北纬 33.42 度~34.45 度之间，东以零河和灞源山地为界，西以太白山地及青化黄土台原为界，南至北秦岭主脊，北至渭河。辖境东西 204 公里，南北 116 公里，平均海拔 424 米；面积 9 983 平方公里，其中市区面积 1 066 平方公里。境内南部为重峦叠嶂、巍峨青翠的秦岭山脉，北部为土地肥沃、河流密布的渭河平原，东临奇险峻峭的西岳华山风景区，西连山峰林立的太白山自然保护区。境内最高点为周至县西南的太白山，海拔 3 867 米。地势大体东南高，西北与西南低，呈簸箕形状，山、川、原并存，地貌景观独特。平原面积为 43.674 万公顷，占全部面积的 43.7%，一片平畴沃野，且土壤肥沃，灌溉便利，古人赞之为"沃野千里"。

二、山水环抱

西安市境内海拔高度差异悬殊位居全国各城市之冠。巍峨峻峭、群峰竞秀的秦岭山地与坦荡舒展、平畴沃野的渭河平原界限分明，构成西安市的地貌主体。

西安市的地质构造兼跨秦岭地槽褶皱带和华北地台两大单元。约 1.3 亿年前燕山运动时期产生横跨境内的秦岭北麓大断裂，自 300 万年前第三纪晚期以来，大断裂以南秦岭地槽褶皱带新构造运动极为活跃，山体北仰南俯剧烈降升，造就秦岭山脉；与此同时，大断裂以北属于华北地台的渭河断陷继续沉降，在风积黄土覆盖和渭河冲积的共同作用下形成渭河平原。

西安地处的秦岭山地为地槽型的加里东褶皱带，由于强烈的褶皱、断裂和大幅度的抬升运动，造成山势高大雄伟、峰峦叠嶂，成为我国南北分界线。西安城南的终南山，环绕西安的南境和东境，是西安城的天然屏障，其中的南五台山、翠华山、骊山等都以悬崖峭壁、山势嶙峋、茂林修竹、繁花蔓草、道路崎岖而引人入胜。唐代诗人李白写道："出门见南山，引领意无限。秀色难为名，苍翠日在眼。有时白云起，天际自舒卷。心中与之然，托兴每不浅。""唐宋八大家"之首的韩愈也有"云横秦岭家何在？雪拥蓝关马不前"的诗句。唐太宗李世民对终南山着意颂扬："重峦俯渭水，碧嶂插遥天。出红扶岭日，入翠贮岩烟。叠松朝若夜，复岫阙疑全。"

骊山位于西安城东，临潼区南，不仅风景优美，而且温泉潺湲，秦汉以来一直作为皇家园林，离宫别墅，"骊山晚照"更为"关中八景"之一。晚唐诗人杜牧在其《过华清宫绝句》中用"长安回望绣成堆，山顶千门次第开"的诗句赞美骊山的美景和华清宫的华丽。

西安古代水资源非常丰富，素有"八水绕长安"之说，汉唐时期"八水绕长安，九湖映古城"的盛景着实让人神往。所谓"八水"，指的是西安城（长安）四周的八条河流：渭河、泾河、沣河、涝河、潏河、滈河、浐河、灞河。渭河、泾河是其中两条较大的河流。

其中，渭河是黄河的最大支流。渭河横贯关中平原，流经西安城北，在潼关注入黄河，与西安城的关系至为密切。渭河与黄河相通，是西安过去对外联系的主要航道。汉、唐时代以长安为中心的水利网，就是以渭河为基干而形成的。除灌溉外，也有航运之利。汉、唐长安城先后在渭河以南兴起,证明渭河在西安城的变迁中起着十分重要的作用。

泾河是渭河的最大支流,从西安之北缓缓淌过;沣河、涝河绕西安之西;潏河、滈河流经西安之南;浐河、灞河傍西安之东。灞河原名"滋水",春秋时秦穆公为了炫耀其霸业,改名为"灞河"。唐时在此地设驿站,亲友出行多在这里折柳送行。因沿河岸遍植柳树,春天柳絮纷飞如雪,"灞柳风雪"成为"长安八景"之一。

三、平原坦荡

关中平原介于陕北高原南缘山脉与秦岭之间,在地质构造上为一断块式复式地堑,三面环山,东临黄河,是一个典型的河谷盆地。盆地上部的黄土、次生黄土等覆盖物,是由横贯中部的渭河及其支流冲积而成。地势西高东低,海拔 300～900 米,向有"八百里秦川"之称。尽管渭河谷地与南北黄土台原的形状不同,但土壤都是以黄土母质为基础而发育起来的,肥沃疏松,易于耕作,是我国最早的农业地区之一。

关中平原自古被誉为形胜之地,东汉班固《西都赋》描述关中:"左据函谷二崤之阻,表以太华终南之山;右界褒斜陇首之险,带以洪河泾渭之川。华实之毛,则九州之上腴也;防御之阻,则天下之奥区焉。"古人的寥寥数语,将关中平原的富饶、山川环绕的地势论述得淋漓尽致。

西安城位于关中平原的中央,是关中平原地势最为开阔的所在。附近的地形主要是以原、隰相间为其基本特征。在关中一带,高起而平坦的地方都可以称原。由于秦岭脚下流水不绝,河流密如蛛网,原面大都被切割成大小不等的条条块块,随河流的弯曲各异其态。西安附近的原大都为东南、西北走向,就是被各条河流切割的结果。原的东西两侧被切成陡坡,南北则起伏不平,由东南向西北倾斜。最著名的是灞、渭之间的铜人原,灞河以东的风凉原,灞、浐之间的白鹿原,渭与灞、浐之间的龙首原,浐与潏、滈之间的乐游原、凤栖原、鸿固原、少陵原,潏、滈之间的神禾原,滈、沣之间的细柳原、高阳原等等。在这些原中,有的突兀高起,原面宽广,有的则仅仅是一个小丘。唐长安城中的乐游原宛似圆形的馒头,就是当年长安城内士女游乐的胜地。有原也必然有隰,这正是西安附近不同于一般黄土高原的一种特殊地貌。

渭河、沣河、潏河、浐河、灞河、浐河等河谷平原在古代被称为"隰",现在称为湿地。原上的湿地也就是原与原之间的凹陷地带。由于地下水位上升和原上雨水的下注,过去西安城周围的湿地大都有积水存在,曾经一度演变为湖泊群,宛似颗颗珍珠,晶莹明亮，闪闪发光。汉长安城西南的昆明池、唐长安城东南的曲江池、汉未央宫的沧池、建章宫的太液池、唐大明宫的太液池、兴庆宫的龙池（兴庆池）等，都是利用原与原之间的湿地而开凿的湖泊。

四、气候宜人

西安属暖温带半湿润的季风气候，雨量适中，四季分明，气候温和。一般以 1 月、4 月、7 月、10 月作为冬、春、夏、秋四季的代表月。冬季比较干燥寒冷，春季温暖，夏季炎热多雨，秋季温和湿润。年平均气温为 15.5 ℃，降水约 600 mm，湿度为 69.6%，无霜期平均为 219～233 天，年日照 1 646～2 114 小时。年最高气温在 40 ℃左右，年最低温度在 -8 ℃左右。最冷的 1 月份平均气温为 0.5 ℃～1.3 ℃，最热的 7 月份平均气温为 26.3 ℃～27 ℃。雨量主要分布在 7 月、8 月、9 月三个月。雨热同期，有利于农作物生长。年平均降雪日为 13.8 日，初雪日一般在 11 月下旬，终雪日一般在 3 月中旬。受地形影响，西安全年多东北风，年平均风速为 1.3～2.6 米/秒。

西安是我们的祖先最早进行生产活动和繁衍生息的地方。因为这里气候温和，雨量充足，适宜人类生活。从人类历史揭幕起，直到西周定都丰镐为止，西安的气候一直是比较温暖湿润的，估计当时的年平均温度要比现在高 2 ℃左右，1 月份的温度大约比现在高 3 ℃～5 ℃。

西安地区曾有许多竹鼠和獐等亚热带动物活动，正是那时气候温暖湿润的确凿证据。这些动物在今天的西安地区早已绝迹，说明古今气候有着明显的差异。在距今六千多年前的半坡时代，西安地区的气候温暖湿润，动物、植物种类繁多。西周以后，西安地区的气候就由温暖湿润逐渐演变到目前这种状态，虽然中途经过几个寒冷期和温暖期，但再也没有出现过像半坡时代那样温暖湿润的气候了。

今天的西安地区的气候仍比较温和，冬冷夏热，四季分明，是我国北方地区气候条件十分优越的所在。每当春回大地或秋风飒飒，冷热适宜，天高气爽，使人感到精神爽快，十分舒适。在这样的气候条件下，各种农作物易于生长。西安附近很早就被开辟为农田，成为我国经济富庶的地区之一，其原因就在于气候适宜。西安也就是凭借着这样优越的地理环境以及雄厚的物质基础而发展起来的一座历史名城。

五、物产丰饶

西安土壤分布形成南北两个差异明显的区域，北部的渭河平原以黄褐土、褐土为代表，南部的秦岭山地以黄棕壤、棕壤为代表。据1980—1986年土壤普查，全市有12个土类，24个土壤亚类，50个土属，181个土种。土壤类型的复杂多样，为区内农作物的多品种组合提供了有利条件。

西安植物资源丰富。自然植被未遭受第四纪大陆冰川直接侵袭，尚保留若干第三纪古老的孑遗植物，如银杏、水青树、连香、马甲子等。秦岭山地从高海拔向低海拔垂直分布有高山灌丛草甸、针叶林、针阔叶混交林和落叶阔叶林等自然植被类型。自然植被中野生植物资源丰富，计有野生植物138科，681属，2 224种，为中国种子植物的重要"基因库"之一。农作物主要有小麦、玉米、水稻、豆类和薯类，经济作物以棉花、油菜、蔬菜、瓜果为主，花生、甘薯、甜菜、烟草、麻类等均有种植。果类主要有苹果、桃、梨、石榴、葡萄、沙果、李子、山楂、枣和柿子等。山货特产主要有猕猴桃、板栗、核桃、花椒、山杏、杜仲、黑木耳、桂皮、松香等。药用植物品种有1 000余种。野生动物资源主要分布在秦岭山地，有兽类55种，鸟类177种，包括大熊猫、金丝猴、扭角羚秦岭亚种、鬣羚、大鲵、黑鹳、白冠长尾雉、血雉、金鸡等珍稀动物。为保护自然生态系统和珍稀动植物资源，境内已建立3个国家级自然保护区。西安地区家养动物有牛、马、驴、骡、猪、羊、鸡、鸭、鹅、兔等，其中秦川牛和关中驴享有盛誉。

西安地质发育史复杂，构造类型多样。秦岭山区大片的火成岩、变质岩以及渭河盆地巨厚的新生代沉积层，矿藏丰富。已发现各类矿产54种，已开发利用的矿产有24种，矿产地108处。优势矿产主要有黄金、建材类非金属等。主要金属矿有铁、锰、铬、钛、铜、铅锌、锌铜、钼、金、钨、铀和高铝矿物原料。非金属矿主要有大理石、长石、白云岩、水泥灰岩、石墨、建筑砂砾、脉石英、"蓝田玉"、砂线石、八硫矿等。

西安地热资源分布广，水质好，水量大，仅城区可开发的地热面积约为780平方千米。已开发矿泉水产地32处。全市地热区主要分布在东南郊和城区，浐河、灞河地区，长安区韦曲，周至县马召镇、蓝田的汤浴镇以及临潼骊山北麓等地带。目前已勘探的地热浅层、中深点有一百余处，水温一般在50 ℃以上，有的高达96 ℃。高温热水中所含氟、硅、酸、硫黄、硼酸等具有较高的医疗价值。

第二节　千年古城的历史变迁

西安有着几千年的历史，从聚落到城市的兴建，经历了一个漫长的发展过程。

一、聚落的形成和城市的兴起

作为人类生活和生产的场所，聚落的形式与规模，既要与周围的自然环境相适应，也要有利于生产和生活。聚落的形成，体现了人与自然的关系，即人类如何利用和改造自然，规划、建设并管理好聚居环境。

早在六千多年前，我们的祖先就在西安这片土地上繁衍生息，辛勤劳作，逐渐形成了一个又一个的聚落。随着生产力的不断发展和人口的日益增多，为城市的兴起创造了必要的条件，并逐渐出现了我国最早的城市。

（一）聚落的演变

西安附近最早的聚落是新石器时代的遗址，主要分布在沣河、浐河、灞河、潏河等流域。世界闻名的半坡遗址，就位于浐河东岸，是六千多年前的村落遗址，面积达 5 万平方米。当时的人们已经定居下来，农业经济已成为他们生活的基础。人们居住在河谷的二级阶地上，因为这些二级阶地平坦开阔，既为原始农业提供了方便，也为狩猎、捕鱼创造了条件。阶地以上的原区生长着茂密的森林，阶地以下的河谷流水不绝，自然是狩猎、捕鱼的适中地点。更重要的是生活方便，又不易被洪水淹没，原始人在这里安居乐业。

随着生产力水平的提高，人类的生存能力不断提高，居住范围也扩大了，居住地向附近原区推移。周成王灭唐以后，迁其居民于杜，称为杜伯国，其位置就在今雁塔区山门口街道辖区杜城村南。杜城遗址位于东原（凤栖、鸿固、少陵诸原）之下，可证明在西周时代，东原之下已被开辟为农田，当地聚落已大有向原上转移的趋势。

西周末年，周平王遭犬戎之乱，被迫迁都洛阳。由于战争的破坏和国都的东移，西安人口锐减，遗留下来的人口主要退缩到沣河流域。春秋时周大夫路过丰镐，发现西周的故宫荡然无存，已完全被开辟为农田。

西周势力退出关中以后，西安附近就成为秦国的一部分。西安地区的人口增长十分缓慢，直到秦武公（前 697 年—前 678 年）时，才在今杜城设立了杜县。这是西安设立最早的县，证明当地的聚落已增加到相当数量。后来秦穆公（前 659 年—前 621 年）称霸西戎，在灞、浐之间的白鹿原上增设了一个芷阳县。到了战国时代，随着商鞅变法的实行，西安附近的聚落迅速增加，河谷或原上，布满了大小不同的聚落，到处是田连阡陌。

（二）丰镐的崛起

周文王在消灭沣河流域的崇国以后，就把国都从岐山之下的周原迁到了丰，称为丰京。

丰京是西安附近最早兴起的城市。周人所以把他们的国都从周原迁到沣河流域，一方面是适应政治斗争的需要，缩短与殷商（建都于今河南安阳市区的小屯村）之间的距离，做好灭商的准备；另一方面也是为沣河流域优越的自然环境所吸引。沣河中下游地势低平，水源丰富，土地肥沃，一望无垠，实在是建立都城的理想所在。古代的思想家、政治家、历史学家早就认识到这个问题的重要性。《管子·乘马》云："凡立国都，非于大山之下，必于广川之上，高毋近旱而水用足，下毋近水而沟防省。因天材，就地利，故城郭不必中规矩，道路不必中准绳。"丰京建成以后，据说国都的范围方圆九里，每面各开三个城门，城内有东西南北向的街道各九条，宫殿在南，市场在北，左边修建祖庙，右边设置社稷坛。丰京是否如此整齐，已难确知，但从这种设计可以看出，丰京确实是按照预定的总体规划而建设起来的一座宏伟城市。它已经超出一般政治统治据点的范畴，有宫殿、居民区和市场的区分。

周文王迁丰京以后，不久就死去了。他的儿子周武王登位以后，又把国都从丰迁到了镐。

镐京亦称宗周，位于沣河东岸。镐京与丰京一样，也是事前经过精心设计后才修建的，街道整齐，宫殿宏伟。

关于武王为什么迁都，《诗经》有记载，说占卜为吉祥之兆，遂建新都。我们现在分析，武王迁都，主要是基于政治和地理的因素考虑的。武王继位以后，众望所归，灭商的条件已基本成熟。可是丰京的范围狭小，不足以容四方之众，于是另建新都。镐京的位置地势较高，适宜于建立都城，且平原开阔，不像沣河西岸那样受到几条河流的限制，能够满足镐京扩大范围的要求。

丰京与镐京隔沣河相望，实际上是一个城市的两个分区。尽管丰、镐建立的时间有先后之分，但镐京建成以后，丰京从未废弃，而且在西周有效统治的三百余年中，仍然起着非常重要的作用。因为周人并未搬动他们的祖庙，还必须经常渡过沣河去朝拜祭祀祖先，以示孝敬。由此可见，丰、镐实际上是一个城市，只是在功用安排上有所侧重罢了。

公元前770年，周平王迁都洛阳以后，丰镐不再是国都，地位也迅速降落。由于遭到严重破坏，大约在春秋时原有的宫室已荡然无存。汉代开凿昆明池，连镐京遗址也大都沦入池底，几乎没有踪迹了。

（三）咸阳与阿房宫

秦国在占有关中大部分地区以后，以雍城（今凤翔县南）为中心，向东西两面发展势力。春秋五霸之一的秦穆公称霸西戎，并把晋国的势力驱逐到黄河以东。秦国后来向东迁徙都城与周人东迁有着相似的原因。

进入战国以后，政治斗争的焦点已转向函谷关东，三家分晋，为秦国的东向创造了有利条件。为适应政治斗争的新形势，秦国就向东迁徙了它的都城。此外，西安一带地势平坦开阔，交通便利，河流众多，水源丰富，是岐山之下的渭北高原所无法比拟的。

周、秦向东迁都的方向大体一致，但具体路线截然不同。周人从周原迁都于丰，未经过任何曲折，一下把国都迁到了渭河以南。而秦国则不然，先迁都栎阳（今西安阎良区武屯镇关庄村一带），再后迁到咸阳。

秦咸阳城在今咸阳以东的长陵车站、窑店镇与肖家村一带。所以得名咸阳，是因为它位于九嵕之南，渭水之北，山水俱阳，故名咸阳。经过考古发掘，秦咸阳城的一半已被渭河所圮毁，今咸阳北原上仅有部分遗存可见。根据文献记载，秦咸阳城的规模十分宏大，是事前经过周密的规划才施工的。在完成"冀阙宫廷"等主体工程以后，才于秦孝公十二年（前350年）正式迁都咸阳。直到秦惠文王时还不断从岐雍取巨材扩建，完成了一座辉煌壮丽的都城。

秦始皇在公元前221年统一了全国，在这一过程中对咸阳进行了建设。据说每灭亡一国，必仿其宫室，修于咸阳北阪（咸阳原）上。当时的咸阳的人口几乎占全国总人口的三十分之一，是全国人口最多和经济文化最发达的城市。

公元前221年，秦始皇统一中国，设郡县，在咸阳周边京畿要地置内史，统辖关中各县。秦末项羽入关，废郡县，恢复分封制，将秦内史和上郡一部分划为雍、翟、塞三国，是为"三秦"的由来。汉高祖初年，刘邦恢复被项羽焚毁的咸阳，取名新城。武帝年间，因咸阳临近渭水，始更名渭城。

秦始皇早就意识到，渭河以南的沣河和灞浐之间，地势开阔，是关中平原的精华所在，所以在那里修建了阿房宫，还修建了信宫、兴乐宫等。虽然咸阳始终是秦王朝政治统治中心，但阿房宫是被作为朝宫来兴建的，已大有取代咸阳宫之势。只是由于秦王朝迅速灭亡，阿房宫未能全部竣工，政治统治的重心终于未能南移。

阿房宫以雄伟壮观、气势磅礴而闻名千古。被役使修建这座宫殿和骊山陵墓的刑徒就有70万人之众。阿房宫的遗址，就在今天西安市西郊的赵家堡和大古村之间，殿基夯土台址东西广1 300米，南北长500米。1992年，联合国教科文组织就对阿房宫进行了调查和认可，将其认定为世界上最大的宫殿遗址，是当之无愧的"世界奇迹"。在阿房宫遗址附近还有一个高大的土堆，位于今西安市西郊和平村北的天台路上，当地群众称之为"秦始皇所登之天台"，也是阿房宫建筑的一部分。有人认为这是规划设计并监理阿房宫建筑的基准台，也有人认为是这秦始皇当年亲临现场观望阿房宫建筑的观望台。随着秦王朝的灭亡，辉煌壮丽的咸阳城和阿房宫，被项羽付之一炬。今天的咸阳虽然仍用旧名，但其位置已向西移了10千米之遥。

二、龙首原与长安城

龙首原位于今西安城北，它作为西安城北边的一块黄土台地，范围大致为浐河以西，沣河以东，头起浐河岸上的广泰门，尾在三桥车站一带。相传有一条黑龙从南山出来，到渭河饮水，黑龙经过的地方就形成一条形状如龙的土山，故有此名。

龙首原是沣与灞浐之间平原的自然分水岭，向南向北都很开阔。以北，地势平衍，向渭滨倾斜，是背原临河建立城市的优越所在。以南，地形起伏，犹如波涛一般，愈向东南，地势愈高，其地面辽阔，足以建设规模宏大的城市。

因为地势高、景色秀丽，龙首原成为修建皇宫的好地方。中国历史上的秦、西汉、隋、唐这些对后世影响深远的朝代，都将宫殿建造在龙首原上。秦都咸阳的主体部分虽不在龙首原上，但先后依托龙首原营建了章台宫、兴乐宫、甘泉宫、阿房宫等重要的宫殿。

汉长安城的主体位于龙首原的北坡，未央宫等主要宫殿区就修建在全城地势最高的龙首原上。与汉长安城相仿的是，隋唐长安城的主要宫殿大明宫也建于长安的制高点龙首原上，大明宫以南的隋、唐长安城主体城区，则依着龙首原的南坡。

汉长安城兴起于龙首原的西北麓，以龙首原为基地向北展开，直抵渭滨。宫殿是王朝都城的核心。宫殿建在全城最高的地方，矗立耸起，既安全，又雄伟。这也体现了中国古代高台建筑的艺术特色。汉长安城的未央宫，是汉代政治统治的中心。由于它占据龙首原的有利地形，在政治斗争中能否控制它，就成为胜败的关键。汉初，周勃诛杀诸吕的斗争所以取得胜利，就同迅速控制了未央宫有密切关系。可以看出，倚托龙首原的北麓而设立宫殿，是西汉统治者有意打造的建瓴之势。

隋唐长安城也建在龙首原上，和汉长安城不同。龙首原高亢，原上亦复参差不平，隋唐长安城正是利用这样的地形，区别皇城、宫城和外郭城以及官署民居的划分，显得错落有致。整个城市的设计突破了固有城市建设思想的束缚，充分考虑自然条件和经济因素的影响，结合龙首原的地形特点，充分利用了地形的变化，使建筑高低错落，参差有序，独具特色。

唐长安城兴建于龙首原的南麓，向南展开，直达曲江池畔。主要宫殿均修建在龙首原南麓或龙首原上。唐长安城内地形起伏，需要控制的高地远比汉长安城为多，故在设计施工时，就把一些政府机关和寺、庙、楼、观等，有意摆在这些高地上。

三、汉长安城

长安原为秦时的一个聚落名称。汉高帝六年（前 201 年），刘邦采纳戍卒娄敬的建议，将都城由洛阳迁至关中，并决定建都城于渭河南岸、龙首原之北、秦都咸阳城的旧址上，定都城名称为"长安"，其目的是祈望刘氏王朝能够"长治久安"。一个宏伟、壮观、开放的帝国从此建立起来，并延续了两百余年。

汉长安城位于今西安市的西北郊，面积达 35 平方千米。据考古工作者研究发现，其城址依然存在，范围也十分清晰。汉长安城的西北角在今六村堡，东北角在今三官庙村，西南角在今雁雀门村之南，东南角在今阁老门村的东南。

汉长安城的城墙，异常高大，完全是夯土筑成，宽厚结实。汉惠帝元年到五年（前 194—前 190 年）基本修成，前后征发劳力达 20 万 ~30 万人之众，并有 2 万人长期修筑。城墙每面各有三个城门，每个城门各有三个门洞。城的平面构成呈不规则正方形，缺西北角，除东墙外，北、西、南三墙均有曲折。这是由于汉长安城的修建受到地形和宫殿限制的缘故。当时的渭河在龙首原脚下流过，其北墙就顺应地形，沿龙首原的西北麓蜿蜒曲折，斜向东北。西墙和南墙受到未央宫、长乐宫影响而曲折。蜿蜒曲折，形状极不规则，故有"斗城"之称。

汉长安城宫殿在南，市场在北，街道宽阔整齐。宫殿主要有三组，分别位于城的南面和西面，就是有名的"汉三宫"——未央宫、长乐宫和建章宫。每个宫都是一个庞大的建筑群，包括许多重要的殿、室、台、阙。

未央宫位于城的西南部，是汉代皇帝居住的地方。它建成于高帝刘邦时期，是丞相萧何监修的。由于占据龙首原高地，整个建筑高大雄伟，壮丽辉煌，包括前殿、宣室、宣德、东明、宣明、昆德等三四十座大殿，以及麒麟、天禄、玉堂等阁，还有渐台、织室、凌室等重要建筑。未央宫存在的时间最长，西汉末年虽遭到一些破坏，但由于不断修葺，直到唐代时依然存在。唐太宗贞观八年（634 年），李世民曾随其父李渊置酒未央宫。后来敬宗宝历二年（826 年）和武宗会昌元年（841 年）都曾修葺过，据说当时尚有殿舍349 间。

长乐宫位于城的东南部，是在秦兴乐宫的基础上修葺而成的，在今天西安的今阁老门村。由于位置在未央宫之东，故称东宫，是皇太后居住的地方。长乐宫也是一个庞大的建筑群，有前殿、临华、长信、永寿、永宁等殿，还有鸿台、西阙等高大建筑物，周围二十里（1 里等于今 500 米）。西汉初年，刘邦曾住在这里，并制定了一整套朝见皇帝的仪式，成为后世朝王见驾的基本模式。长乐宫虽然不像未央宫那样是统治的中心，但因皇太后长居于此，她的地位十分尊贵，一些年少的皇帝也必须仰望其鼻息行事，因此，在某些时期，长乐宫竟也成为实际上的政治中心。

建章宫位于城西，是汉武帝时兴建的，其宫殿楼阁之多，远远胜于未央宫和长乐宫。建章宫以正门圆阙、玉堂、建章前殿和天梁宫为中轴线，其他宫室分布在左右。建章宫规模宏大，仅前殿西侧的广中殿就可以容纳一万人。建章宫北为太液池。太液池是一个相当宽广的人工湖，池畔有石雕装饰，池中还筑有闻名的"三神山"。这种"一池三山"的布局对后世园林有着深远的影响，并成为创作池山的一种模式。让人惋惜的是，这座宏伟壮丽的宫殿于西汉末年毁于战火，仅存遗址。

除宫殿建筑外，整个长安城的布局也很整齐，是一个完整的建筑群体。宫殿占有长安城内一半以上的地方，余下的地方就被各条街道分割成大小不等的市场和闾里。汉长安城内有闾里 160 处，门巷修直，十分整齐。最著名的有宣明、建阳、昌阴、修城、黄棘、北焕、南平等里，汉宣帝在民间时就住在尚冠里。闾里之间均有街道相隔，最主要有八街九陌，今见于记载的有香室、夕阴、前街、华阳、章台、蒿街、太常、炽盛等九街。经发掘发现，通向主要城门的大街，大都为三条平行的街道组成，左出右入，中间的一条称为"御道"，专供皇帝使用。各条街道两旁，绿树成荫，十分壮观。据说汉长安城有九市，关于九市的名称与位置，至今仍未有定论。有人认为长安九市又称为西市与东市，其中西市包括六个市场，东市包括三个市场，共是九个市场。又有人认为九市中有四市在城内，五市在城外，城内四市即东、西、南、北市。但无论是文献还是考古资料，都清楚显示出东、西二市商铺密集，人流众多，贸易相当繁盛。

汉长安城大约延续了八百年之久，隋代迁都以后，才被划入禁苑，成为皇族杨家的私产。

四、隋大兴城

隋文帝杨坚建立隋朝后，最初定都在汉长安城。但由于长安城损毁十分严重，于是决定在东南方向的龙首原南坡另建一座新城。隋文帝开皇二年（582 年）起，在总设计师宇文恺的主持下，开始了新城的建设。宇文恺吸取了北魏都城洛阳与东魏、北齐邺都南城的精华，精心设计了新都城，仅用 9 个月左右的时间就建成了宫城和皇城。开皇三年（583 年），隋王朝迁至新的都城，因隋文帝早年曾被封为大兴公，便以"大兴"命名此城，取其永远兴盛昌盛之意。

隋炀帝继位后，陆续开凿南北大运河，以水路连接大兴城和隋唐洛阳城。隋炀帝大业九年（613 年），动用十余万人在宫城和皇城以外建造了外郭城，隋大兴城城市的总体格局至此基本形成。

宇文恺在设计城时，把皇城、宫城和重要寺庙都放在六道高坡上，一方面体现皇权、政权、神权至高无上，另一方面可确保都城安全。隋大兴城内外城共分为三重，即宫城、皇城和外郭城。其中宫城居城北部正中，是皇帝及皇族居住和处理朝政的地方，面积为 4.2 平方千米；皇城，亦称子城，位于宫城之南，是政府机关所在地，面积为 5.2 平方千米；外郭城即京城，以宫城和皇城为中心，分布其东、西、南三面，周长为 36.7 公里，面积为 84 平方公里，是汉长安城的 2.4 倍，明清北京城的 1.4 倍，约为现在西安城的 7.5 倍，比同时期的拜占庭王国都城大 7 倍，较公元八世纪所建的巴格达城大 2.4 倍，是当时赫赫有名的世界名城之一。

大兴城内街道宽畅，异常整齐。大兴城不像汉长安那样南北划分布局，而是采取东西完全对称的结构。全城以南北向的朱雀大街为中轴线，分成基本均等的东西两部。街西为长安县，街东为大兴县。南北向的大街有 11 条，东西向的大街有 14 条。其中通南面 3 个门和东西 6 个门的"六街"，构成了城内交通的主要干线。城东南的曲江所在的低洼地段，辟为供居民游赏的园林。其中，宽 155 米的朱雀大街，与皇城南面的东西横街形成十字交叉，构成全城交通的枢纽。大兴城内设有两个市场，对称地分布在皇城外东南（今交大附近）和西南（今西工大附近）。隋大兴的兴建，为唐都长安城奠定了基础。

隋大兴城街道，规模宏大，分区明确，布局合理，在当时是一个创举。其设计思想对后世都城的建设影响很大。明、清的北京城基本上就是这种设计思想的体现。

五、唐长安城

唐长安城位于龙首原的南麓，布局整齐，规模宏大，反映了大一统王朝的宏伟气魄，在我国城市建设史上占有非常重要的地位。其地理位置基本覆盖了今天的西安城及其附近郊区。

唐长安城在隋文帝杨坚修建的大兴城基础上进行了多方修整，使城市布局更趋合理。

为安置太上皇李渊，李世民在长安城宫城东北龙首原上兴建了大明宫，唐长安城的格局基本形成。据考古发掘，唐长安城周长 36.7 千米，外郭城为长方形，东西（由春明门到金光门）长 9 721 米（包括东西两墙厚度在内，下同），南北（由明德门到宫城北面玄武门偏东）长 8 651 米，总面积约 84 平方千米。比西汉长安城大约 2.4 倍，比现存明代西安城大 7 倍多。其城市面积、城市建筑、城市布局在中国古代乃至世界中古史上都堪称第一。

唐长安城很像棋盘，块块分立，坊门关闭后，每块都可单独成为一个整体。从坊设围墙来看，是为了便于管理和加强统治。在地形利用上，充分发挥东西向六条高坡的作用，布置宫、庭、寺、观等高大建筑物，使其耸峙入云，以增大城市建设的立体空间。坡与坡之间的低地，除设置居民区外，又利用凹陷地带，开辟湖泊，使其成为名胜风景区。唐长安城东南最大的风景区曲江池的开辟利用就是一个典型例证。城内升平坊的乐游原，由于地势最高，辟为公园，供京城士女游乐之用。唐代时，每当农历正月晦日（最后一天）、三月三日、九月九日，全城士女登临其上，热闹异常。武则天时，太平公主曾于原顶建亭，使乐游原名副其实，成为真正游乐的胜地。

唐长安城，由外郭城、皇城、宫城所组成。所有城墙均用夯土筑成，高大雄伟的外郭城的西北角在今天西安市的任家口村以北，东北角在胡家庙的西北，西南角在木塔寨以西，东南角在新开门村西北。由于曲江池在城东南角以外，所以南墙在明代王尚书坟园附近作直角形曲折，使城的东南缺少一角。唐长安城的东墙（包括北墙一段）有夹城复道，是专门为住在大明宫、兴庆宫的皇帝和妃嫔去曲江池游乐方便而建筑的。外郭城每面各有三个城门，除正南的明德门外，其他诸门均有三个门洞。明德门的位置就在今天西安市的杨家村，一门五观。皇城与宫城在外郭城北部中央，宫城在北，皇城在南，是唐长安城的核心。皇城又名子城，是政府机关所在地，尚书省和中书省、门下省等都设在这里。"台省寺卫"并列其间，构成了唐代行政的中心。皇城南面三门，东西两垣各有二门，均与城内的主要大街相通。宫城是皇帝和皇族居住与处理朝政的地方，由太极宫、东宫和掖庭宫组成。

东宫和掖庭宫是皇太子与妃嫔居住的地方，与太极宫有厦门相通。宫城南面有五个门，正中为承天门。承天门北对玄武门（稍偏西），南对皇城朱雀门，与外郭城的明德门南北在一条直线上。这条南北直线也就是唐长安城建设的中轴线。

城中有城，是唐长安城设计上的一个重要特点。国都是统治阶级行使权力的中枢，排除干扰，保证安全，自然是都城设计的中心一环。正因为如此，这种城中有城的布局对当时和后世国都的建设，都有着深远的影响，像宋代的开封城和元明清的北京城就都因袭了这一特点。

　　唐长安城有三大宫殿群，分别是太极宫、大明宫和兴庆宫，三大宫殿各具特色，体现了唐代的繁荣与昌盛。

　　太极宫（又称西内），是由隋大兴宫改建而成，宫中共有16座大殿，以太极、两仪、甘露、延嘉4座大殿构成建筑的中轴，其他楼、阁、亭、榭的建筑更是无计其数。太极殿是太极宫的正殿，是唐太宗李世民文治武功的主要舞台。这里是唐初政治中心，唐高祖李渊和太宗李世民在此执政三十多年。其主要宫殿有太极殿、两仪殿，是当时的主要行政场所，另外有甘露殿、武德殿等大量建筑。太极宫正门叫承天门，北门叫玄武门，著名的"玄武门之变"就发生在这里。

　　大明宫（又称东内），是贞观八年（634年）李世民在宫城禁苑龙首原兴建的，原名永安宫，第二年改为大明宫。大明宫西墙长2 256米，东墙长2 614米。内有宫殿30多座，规模庞大。主要大殿有含元、宣政、紫宸，建在一条中轴线上。其中，含元殿是长安城最雄伟的建筑，据考古实测，基台高3米多，东西长75.9米，南北宽42.3米，超过现存北京故宫三大殿的规模。大明宫修建之初仅是为太上皇李渊盛夏避暑而修建的一座宫殿，到唐高宗李治时成为唐代政治活动的中心。由于不断扩建，规模愈来愈大，成为唐代三大宫中最为壮丽辉煌的宫殿。计有殿、亭、观三十余所。设计者充分利用了龙首原的有利地形，使各个建筑物高低错落，交相辉映，空间层次极其分明，把我国古代宫殿建筑艺术推向了新的高峰。

　　兴庆宫位于长安城兴庆坊内，是唐玄宗李隆基称帝前的旧居，本为离宫，开元二年（714年）改为兴庆宫，几经扩建，成为皇帝起居听政的正式宫殿。兴庆宫南北长1 250米，东西宽1 080米，北部是宫殿区，南部是园林区。

　　唐长安城的街道、里坊、市场等都东西对称，排列异常整齐。所有街道均东西、南北向，纵横交错，东西有14条大街，南北有11条大街。街道两旁设有排水沟，并种植槐树和榆树，笔直端正，宽畅豁达，十分壮观。全城的中轴线朱雀大街最为宽阔，今实测为150米，比今西安城内最宽的道路还要宽出许多。以朱雀大街为界，长安城一分为二，由长安、万年二县分管。两县各领55坊，由于城的东南角作直角形曲折，万年县实领54坊。各坊面积的大小并非整齐划一，而是根据地形与需要来划分的。皇城以南36坊的面积最小。皇城、宫城东西的24坊面积最大。各坊四面有墙，每面各开一门。

　　唐长安城坊坊有墙，坊坊有门，街道就像胡同，看不到街房与店铺。而东市和西市才是它的商业区。两市各占两坊之地，各有"井"字形街道，四面各开二门。它们分别位于皇城的东南和西南，是全城经济活动的中心。两市各有220个行业，设有专门的管理机构，如东市局、西市局，东平准局、西平准局，另外还有市署等，平准物价和管理市场。从西域来的商人，先从开远门（西出北面第一门）或金光门（西出北面第二门）进城，西市就成为首先落脚的地方。西市地理位置的优越，胜过东市。由于商业发达，围绕东西市还有不少小商贩，如颁政坊有馄饨曲，长兴坊有毕罗（一种抓饭）店，胜业坊有卖蒸饼的等等。茶肆、酒馆、旅邸等更遍布各处，供商旅居住、饮食和存货。除了高大宏伟的建筑之外，长安城还遍布纵横交错的渠道和大小湖泊。著名的湖泊有长安南郊的曲江池、东市和西市的放生池、太极宫里的四大海、大明宫的太液池、兴庆宫的龙池，等等。

唐代长安城作为我国历史上规模最为宏伟壮观的都城，对其后国都及国外城市的规划和建设都起到了重要的借鉴作用。如宋代的开封城，元、明、清的北京城，设计与建设就沿袭了长安城的特点，而日本的京都城和奈良城的建设也都借鉴了唐长安城的建筑风格。

精心建设起来的唐长安城，历时达三百年之久。但也时有沧桑，几经变迁。唐代宗大历时，鱼朝恩当政，为在通化门外修建章敬寺，拆毁曲江亭馆、华清宫观，以及百官行廨等。唐代末年，藩镇林立，兵火不断，长安城连续遭到大火袭击，几乎化为灰烬。唐昭宗天祐元年（904 年），控制汴州的朱温，为了挟天子以令诸侯，动员昭宗迁都洛阳。同时，命令长安居民"按籍迁居"，拆毁房屋，木材"自渭浮河而下"，堂堂一代帝都，顿时变为废墟。现在，除大、小雁塔仍巍然屹立之外，仅有玉祥门内莲湖路以南的西五台为宫城南墙遗址，西安城北自强西路的一段土墙为北城墙遗址，以及西安城西南山门口村附近一小段土墙为南城遗址外，唐代所有地面建筑物都已荡然无存了。

六、从长安到西安

"长安"，西周时称为"丰镐"；秦时称"内史"。至西汉初年，刘邦定都关中，西汉高祖五年（前 202 年），置长安县，在长安县属地修筑新城立名"长安城"，意即"长治久安"，改长安城所在地区为"京兆"。在丝绸之路开通后，长安成为东方文明的中心，与"罗马"齐名，有"西有罗马，东有长安"之说。隋时，隋文帝在大兴县营建新都（长安县东），命名为"大兴城"。唐朝时，以中轴线重新划分长安县与大兴县，并更名大兴县为"万年县"，取意"万年长安"，重新恢复"长安"之名。公元 1369 年，明太祖朱元璋把奉元路改名为"西安府"，"西安"之名由此出现，并沿用至今。但作为一个城市来说，它的发展演变由来已久，丰镐、咸阳和汉长安城、隋大兴城都为它的发展奠定了基础，特别是后来的唐长安城，与现在西安的关系更为密切，从某种意义上说，今天的西安城也就是恢弘的唐长安城的延续和发展。

（一）缩城以后的长安城

由于唐末年战乱的形势，佑国军节度使韩建不得不进行缩城。他放弃了破烂不堪的外郭城和宫城，重修皇城，是为"新城"，即五代、宋、元的长安城。韩建所建立的新城，比起原来的长安城，实在微不足道。不过作为一个新的城市来说，仍然充分利用唐长安城的有利地形，并逐步朝着地方性都会的方向发展。由于关中是通往西北、西南的重要门户，缩小后的长安城自然成了军事重镇和经济都会。

新城四方仅各开一门，北为玄武门，南为安上门，西为顺义门，东为景风门。今天西安城就是以这座新城为基础发展的。如今天西安的东大街，大致就是当时景风门街，南大街大致为当时的安上门街。

长安城缩小以后，原来的长安、咸宁（万年县）二县的县治就被隔在城外，因此，又在城的东西修建了两个小城，作为二县的县城。把长安、咸宁两县的县治放在长安城大城之外，既反映了韩建"新城"的范围十分狭小，也是为了适应当时的战乱形势，三城并列，便于相互支援。

五代时的长安，失去了国都地位，由于战乱频发，长安城市建设也停滞不前。

北宋时虽然战争减少了，但由于长安处在前沿阵地，经常受到西夏的威胁和骚扰，发展仍然十分缓慢。

到了元代，由于统一王朝的重建以及通往中西亚的丝绸之路的再度畅通，长安城开始有了较快的发展，逐渐呈现出繁荣昌盛的景象。意大利旅行家马可·波罗在他的《行纪》中，就精彩描述了元代长安城的繁盛。根据他的记载，当时的京兆府城（长安城）十分壮丽，工商繁盛，物资丰盈，居民制造"种种金锦丝绢"和"武器"等，"凡人生之物，城中皆有，价值甚贱"，安西王宫"周围约五里"，其宫室"皆以金绘饰"，"壮丽之甚，布置之佳，罕有与比"，等等。马可·波罗根据亲眼所见写成行记，历历如绘，反映了元代长安城的繁荣以及建筑的富丽堂皇。当然，当时长安繁荣的盛况与元代的大一统、通往中亚的丝绸之路畅达有着密切的关系。当时政治稳定，驿路畅通，丝绸之路上的商人、教士络绎不绝，经济发达，自然会促进长安城的繁荣。

值得一提的是，元代长安还修建了一座规模宏大的安西王宫，位于城东北。安西王宫的遗址位于今西安城东北三千米的"斡尔垛"。"斡尔垛"即蒙语"宫殿"、"郭城"或"行宫"之意，当地群众称之为"达王殿"。元世祖忽必烈至元九年（1272 年）封其三子忙哥刺为安西王，遂将长安城旧名"京兆府"改称"安西路"，以此作为控制西北和西南的军事重镇。由于当时安西路城难以容纳安西路王所部众多士卒，故在至元十年（1273

动工营建了安西王宫。随着元朝的被推翻，安西王宫也被夷为平地，不复存在。安西王宫的正殿遗址仍高出地平面 2～3 米，被称为"殿台子"。它与唐大明宫东西相望，位于东去大道之上。马可·波罗有幸目睹了这座位于龙首原余脉上、被湖泊泉水环绕着的宫殿，甚觉高大雄伟，叹为观止。这是继唐长安城三大宫之后，在西安地区最后兴建的也是最辉煌的宫殿。

根据考古实地勘察，安西王府东西两城基各长 603 米，南城基 542 米，北城基 534 米，周长 2 282 米。宫城形制为以南北走向的长方形，城的四角向外突出，呈半圆形，可能原建有角楼。城的北面无门，东、西、南各有一门，各门也只有一个门道。东、西门的门道各均宽 5 米，南门门道则宽达 12 米，是进出王宫的主要门道。现地面仅存王宫正殿残基，东西宽 23 米，南北长 80 米，高 2～3 米。地表层还有裸露的黄、绿、白三种琉璃建筑碎片，尤以绿釉、黄釉琉璃瓦为数最多，还有黄釉龙纹圆瓦。在中国古代，只有皇帝的宫殿才能用黄釉琉璃瓦并饰以龙纹。在安西王宫的修建过程中，龙首原再次被加以利用，充分证明它在西安地区宫殿建筑中的重要作用。龙首原向东余脉地势较低，距浐河最近，选择这里建筑宫殿，对解决水源和控制东西交通都是十分有利的。

在唐代以后，长安就失掉了国都的地位，京兆的名称却继续被沿用，直到元世祖至元十六年（1279 年），才改京兆府为安西路。"安西"自然是"安定西北"的意思，揭示了元代的长安城在全国的重要地位。名称的改变，对长安城来说具有重要的历史意义，说明它的国都地位一去不返。

（二）西安的演变和发展

西安的名称是明初时才有的。明太祖洪武二年（1369 年）三月，大将军徐达进兵奉元路，明朝政府即改奉元路为西安府。实际上，西安与安西的名称一脉相承，其作用和意义也是相近的。明取元而代之，只能按新的形势命名。

今天的西安城是明太祖洪武七年到十一年（1374—1378 年）间修建的，已有六百余年的历史。这次修筑的城墙，除西、南两面仍依韩建"新城"的位置外，北、东两面向外扩展了约四分之一。向北、东两面扩展，是为了把北垣和东垣摆在高地上，以利于防守。另外，东出大道始终是西安城对外联系的主要通道，把城址向东移，交通方便，也更有利于它的发展。

扩建后的西安城，周长 11.9 千米，南垣 3.4 千米，北垣 3.3 千米，东、西垣均为 2.6 千米，形制为一大长方形。城墙高 12 米，顶宽 12～14 米，底厚 15～18 米。西安城共有城门 4 座，门上均建有城楼。明穆宗隆庆二年（1568 年）又给城墙砌了一层青砖，城墙今天仍保存完好。像明城墙这样高大、坚固的砖城墙，在全国也是不多见的。明朝还在西安市中心，兴建了钟楼和鼓楼。西安的东、西、南、北四条大道，都以钟楼为中心，向四方延伸至四面的城门，城市布局匀称整齐。明代在西安修建的城墙、城门、城楼、钟楼及鼓楼，高大雄伟，至今也保存完好，是今日西安的重要标志和旅游景点。

清代，满族迁入西安。1649 年，清政府拆除明朝的秦王府，把它改建为专供八旗驻防军和军人眷居住的"满城"。1683 年，清政府又在满城正南面修筑城墙，建成一座"南城"，用以驻守汉军。满城在西安城东北，约占全城的三分之一。北边和东边紧接城墙；西边从北门东边，向南到钟楼；南边从钟楼向东，到东门之南。满城没有北门，现在的西安东城门是其东门，钟楼是西门。在西安现在的后宰门、西华门、端履门和大差市也开有门洞，共计六门。秦王府城被围入满城中，改称八旗校场。

1911 年 10 月 22 日，西安同盟会响应武昌起义，发动了推翻清政府统治的武装起义，满城随后被攻克。在这次战斗中，满城内大量建筑被轰塌、焚毁，旗民也纷纷逃散。整个满城区变得满目疮痍，一片荒凉，至此，满城已完全丧失了军事堡垒的功能。1912 年 9月，陕西都督府下令拆除了满城西、南两面城墙，存在了 263 年之久的满城实际上便不复存在了。

满城是纯粹的军事据点，占地广阔，强占了东门，隔断了西安城的东出之路，严重影响到西安城的发展。除东关外，城的东半部几乎没有任何商业聚点。在清代统治的几百年中，西安城内的工商业发展受到很大的局限，这也是西安市落后于其他城市的重要原因之一。

西安城在唐以后，主要作为一个军事重镇。统治者主要考虑的是防御问题，对社会经济发展关心不够。这样，西安城发展极为缓慢，特别是汉唐的盛世之景逐渐被磨灭，城市也呈破败之象。到民国初年，西安城的人口才十余万。

第三节　现代西安城

一、行政区划的演变

1949 年 5 月 20 日西安解放，属陕甘宁边区辖市。中华人民共和国成立后，西安市的行政隶属关系和行政区划的设置均有较大的变动和调整。1950 年西安改由西北军政委员会领导；1953 年 1 月 27 日，西北军政委员会改为西北行政委员会管辖，西安市属西北行政委员会；1953 年 3 月 12 日，西安改为中央直辖市，为全国 12 个中央直辖市之一；1954

年6月19日，西安改为省辖市。

西安市现辖9区4县，即新城、碑林、莲湖、雁塔、未央、灞桥、阎良、临潼、长安9个市辖区以及周至、蓝田、户县、高陵4个县。总面积10 108平方千米。现代西安是中国六大国家区域中心城市之一，新欧亚大陆桥中国段和黄河流域最大的中心城市。2011年国务院《全国主体功能区规划》中，明确将西安定为"全国历史文化基地"。

二、人口构成情况

西安是一个多民族散杂而居的城市，全市共有民族53个，其中少数民族52个。截至2010年的数据统计，西安常住人口为846.78万人。在西安的少数民族中，回族人口最多，占当地少数民族总人口的75.28%。其他少数民族，人口较多的分别是满族、蒙古族、朝鲜族、壮族、土家族、藏族、维吾尔族、苗族，等等。少数民族分布在西安市各个区域，其中，莲湖区内居住的少数民族最多，约有3.5万多人，其中回族有3.2万人。

三、社会经济发展状况

西安作为陕西省省会城市，是我国中西部地区科研、高等教育、国防科技工业和高新技术产业的重要基地。在全国区域经济布局上，西安具有承东启西的区位优势，在西部大开发中具有重要的战略地位。西安城市优势突出表现在三个方面：第一，世界级的旅游观光目的地，在文化资源上占有先天优势；第二，具有国家级的科研教育和高新技术产业基地优势；第三，重要的地理位置赋予西安区域级的金融、商贸中心和交通、信息枢纽优势。通过深化改革和扩大开放，西安正在逐步发展成为我国重要的内陆开放城市。

西安旅游资源得天独厚，是海内外著名的世界历史文化名城之一。作为人类文明和中华民族优秀传统文化的发祥地之一，西安有三千多年的建城史，先后有周、秦、汉、唐等13个王朝在这里建都，是与雅典、罗马、开罗齐名的世界著名历史古都。西安曾经是我国政治、经济、文化中心和最早对外开放的城市，闻名遐迩的丝绸之路就是以西安为起点的。深厚的历史文化积淀和浩瀚的文物古迹遗存使西安享有"天然历史博物馆"的美称。全省境内有重点文物保护单位669处。其中，秦始皇兵马俑坑被誉为"世界第八大奇迹"，是最早列入世界遗产名录的中国遗迹；明代古城墙是至今世界上保存最完整、规模最宏大的古城墙遗址；近年来，汉阳陵的开发又一次造成了世界的轰动，其出土的裸体彩俑被誉为"东方维纳斯"；半坡遗址有六千多年历史；碑林博物馆藏有石碑三千多通，被誉为"石质历史书库"；陕西历史博物馆文物储藏量堪称全国之最；除此之外，还有大雁塔、小雁塔，等等。西安的自然景观独具特色，境内及附近有西岳华山、终南山、太白山、王顺山、骊山、楼观台等风景名胜区和十多个森林公园。

人文、山水交相辉映，构成了现代西安特有的神韵风姿。2012 年，全年接待海外旅游者 115.35 万人次，同比增长 15.08%；接待国内游客 7 863 万人次，同比增长 20%；旅游业总收入 654.39 亿元人民币，同比增长 23.43%。

西安科技实力强，高等教育发达，现有国家级科研基地 9 个，普通高等院校 37 所，民办及其他高等教育机构 36 所，博士点 334 个，硕士点 826 个，国家级重点学科 60 个，省部级重点学科 385 个，是我国科研教育和高新技术产业的重要基地。西安的综合科技实力居全国大城市前列，尤其在航天航空、输变电设备、仪器仪表、电子通信、缝纫机、大型风机、重型汽车、纺织、钟表等领域。西安高等院校、科研院所众多，拥有一批达到国际水平的开放型实验室和国内一流的试验和检测设备，一些尖端技术在国内处于领先地位。全市高新技术企业千余家，高新技术产业实现产值数百亿元。

进入 21 世纪以来，一个更加开放的西安展现在世人面前。随着西部大开发纵深发展的推进，勤劳智慧的西安人民，开拓进取，绘出了一幅幅宏伟壮丽的时代画卷，写下了一篇篇精美绝伦的浩瀚华章，迎来了一个又一个发展的高潮。

（一）西安市不断优化区域发展布局，形成发展新格局

高新技术产业开发区、经济技术开发区、曲江新区、浐灞生态区、阎良国家航空高新技术产业基地形成了"四区一基地"的开发新格局，其建设成效显著，成为西安科技成果转化的中心基地、对外开放的窗口和促进经济发展的新的增长点。

西安高新技术产业开发区，是 1991 年 3 月经国务院批准的国家级高新区，并被科技部评选为全国十大先进高新区之一；西安经济技术开发区于 1993 年 9 月正式开工建设，2000 年 2 月被国务院正式批准为国家级经济开发区，区内拥有西北地区唯一的国家级出口加工区，是西安市对外开放的窗口；西安曲江新区原名曲江旅游度假区，是陕西省人民政府于 1993 年批准设立的省级旅游度假区，2003 年 7 月，经西安市政府批准，更名为"曲江新区"，该区实施文化和旅游带动战略，加快基础设施建设，已成为西安新的旅游亮点；西安浐灞生态区成立于 2004 年 9 月，规划总面积 129 平方公里，通过流域综合治理、生态重建和开发建设，逐步在生态区范围内建成若干城市组团；西安阎良国家航空高新技术产业基地（以下简称西安航空基地）于 2004 年 8 月由国家发展和改革委员会批准设立，2005 年 3 月正式启动建设，2010 年 6 月，国务院批复将西安航空基地核心园区升级为"陕西航空经济技术开发区"，西安航空基地成为全国唯一以航空为特色的经济技术开发区。

（二）《关中—天水经济区发展规划》的实施，加快了西安建设国际化大都市的步伐

《关中—天水经济区发展规划》的不断实施，"西咸一体化"的快速发展，西安国际港务区的稳步建设，使西安将逐步形成全国科技研发中心，区域性物流、商贸、会展中心，国际一流旅游目的地城市。

（三）发达的金融体系

西安利用其区位优势，金融、商贸、区域经济发展迅猛，已形成以国有商业银行为主体，多种金融机构共同发展的多层次、多元化、多功能的金融体系，建立起了由资本市场、货币市场、外汇市场等构成的金融市场体系和由银行监管、证券监管、保险监管构成的金融监管体系。市内商品流通市场体系健全，功能完善、布局合理。全市有各类批发零售贸易及餐饮业网点 10 多万个，各类贸易市场 500 多个，亿元以上商品交易市场 30 个左右。

（四）便捷的城市交通服务

西安现代化交通便利，城市服务功能齐全。铁路、公路、航空交织成网，四通八达，把西安与全国连成一体。

全市拥有以市区为中心通往各旅游景点的道路 40 多条，其中旅游专线 10 多条。西安地铁 2 号线已通车运行，1 号线已经开通，多条地铁线路正在规划、勘测和施工之中。全市拥有出租车 1 万多辆，用于接待海外旅游者的大中型豪华轿车上千辆。西安咸阳国际机场是我国重要航空港，目前共有 20 家航空公司在机场经营 150 余条航线，每天有 400 余架次航班起降，为全国十大增速最快的机场之一。西安铁路，联结陇海、西康、宁西、包西、侯西、咸铜和西户等铁路线，是我国西部最大的铁路枢纽。不仅是中国特等客运站之一，而且是欧亚大陆桥在中国境内重要站点。西安还是东、中部通往西部地区的枢纽和门户，是全国干线公路网中最大的节点城市。公路建设形成了一个以西安为中心，有 9 条国家高速公路在此交汇，贯通全省、辐射周边省市的高等级"米"字形干线公路系统，有公路 2 800 多千米，有 6 条国道干线通过。绕城高速、机场新线建成，二环路、三环路全面贯通，与所辖区县全部开通高速公路。

（五）工农业协调发展，各项事业全面进步

西安市工业生产保持快速增长态势。重点培育扶持西安飞机制造公司、西安电力制造集团公司、陕西汽车控股集团有限公司、陕西鼓风机动力股份有限公司、陕西法士特齿轮有限责任公司、中国石油化工股份有限公司西安石化分公司、比亚迪股份有限公司、东盛集团有限公司、世纪金花股份有限公司等产值超过百亿元的大企业大集团。

西安信息化建设发展迅速，拥有光纤、数字微波、卫星、程控交换、数据与多媒体等多种通信手段，覆盖全市城乡，连接全国和世界各地的现代化电信通信网络。西安拥有全国五大微波通信之一的干线和枢纽终端站，可与国外190多个国家地区、国内所有的市县直拨通话。邮电通信和其他城市公用设施建设与现代国际旅游中心城市标准接轨。"数字西安"正在建设之中，西安电信宽带多媒体城域网已经覆盖西安城区90%以上的区域和郊县40%以上的区域。西安邮政是全国六大通信中心和11个一类邮件转口局之一。

加快农业建设，形成了优质粮食、畜牧、蔬菜、果品四大主导产业，共建成近70个千亩农业示范基地、约30个万亩种植业基地和40个畜牧标准化养殖小区，优势农产品聚集度进一步增强。

西安市近年来在招商引资方面，取得较大成就。2012年引进韩国三星项目，引进资金高达300亿美元。

西安市在全面建设小康社会的总体构想上大体分三步推进：第一步，2006年年底以前，在全面完成"十五"计划的前提下，加快发展，确保国内生产总值年均增速13%以上，力争达到14%。第二步，从2007年到2015年，要整体推进，重点突破，使全面建设小康社会的主要指标达标或超标，提前五年实现国内生产总值和人均生产总值"翻两番"。第三步，从2016年到2020年，全面实现小康社会的各项指标，成为经济繁荣昌盛、科技教育发达、城乡协调发展、城市基础设施完备、生态环境优美、社会文明和谐、生活富足殷实、人民安居乐业的西部经济强市。

随着国家《关中—天水经济区发展规划》的颁布和实施，西安将逐步成为继北京、上海之后，我国第三个"国际化大都市"。西咸一体化图景的构建；秦岭北麓环山生态保护带的建设；盛唐时期"八水绕长安"景象的再现等，使西安人文山水、古城新姿交相辉映，更彰显了古都西安雄壮巍峨的风姿神韵。

风 韵 西 安

FENGYUNXIAN

第二章

穿越历史：繁华与沧桑之梦

一座城市的风韵，就在于展示它丰富的历史文化；一座城市的延续，更在于彰显它灿烂的都城文化。西安被人们称为"中国文化的符号"，它是中华民族心理的朝圣殿堂，是中国传统文化的首善之地，是中华文明之树的根基，是中国首屈一指的人文之都。这里浓缩了中华民族的文化精髓。辉煌的历史赋予了西安夺目的文明，巍巍的秦岭，雄伟的城池，道不尽的繁华与沧桑。

第一节　辉煌灿烂的激情岁月

西安是非常独特的千年古都。周、秦、汉、唐这四个中国历史上最强盛的朝代均在西安建都，西安经历了我国城市发展史上辉煌的黄金时代。

西周为中国奴隶社会发展的顶峰时期，周公制礼作乐，集华夏文化之大成，奠定了中华文明的基础；秦统一六国开创了中国历史上第一个封建集权帝国，其创立的中央集权国体和专制主义政体，确定了后世中国两千多年的政治框架；西汉从繁荣昌盛的"文景之治"到汉武帝的丰功伟业，拓土开边，使中国成为泱泱大国；唐代是我国封建社会鼎盛时期，政治、经济、文化空前繁荣，从"贞观之治"到"开元盛世"，云蒸霞蔚、异彩纷呈，令人神往。

一、西周文明

周朝的都城——丰京和镐京，位于在今天西安市的长安区马王、斗门镇一带。西周文明可以称为中华民族文化的奠基石，为中华文明发展史写下了恢弘庄重的一笔。

（一）西周的建立与振兴

西周起于公元前 11 世纪周武王灭商朝，至公元前 771 年周幽王被申侯和犬戎所杀为止，共历经 12 王，大约 275 年。西周是中华文明史上的一个重要时期，其创造的物质文明与精神文明对后世历史的发展有着深刻的影响。

周人有着悠久的历史，居于今天的陕甘黄土高原，以岐山之南的周原为主要的根据地。周的始祖名弃，善于经营农业，后被舜封于邰，号曰"后稷"，也就是后来所祀奉的"农神"。

在公元前 11 世纪初，周族的力量日益强大。它的都邑从周原迁到今天长安县沣水西岸，建成丰京。它不断向东进逼的势态，加剧了与商朝的矛盾。商王帝辛一度将西伯昌

（文王）囚于里。周臣用美女、珍宝进献商王，帝辛才放了西伯昌。西伯昌回到国内后，进一步加紧了伐商的准备。周文王一方面修治内政，一方面不断征服周边的小国，逐步形成了"三分天下有其二"的局面。公元前11世纪初，周族的力量日益强大。

周与商朝之间的矛盾日益加剧。商王朝政治腐败，内外矛盾尖锐。文王认为伐商条件已成熟，临终前嘱太子发（武王）积极准备伐商。武王即位以后，趁商朝主力征战在外之际，浩浩荡荡地向东进发，许多小国也率兵配合。商纣王临时组织奴隶17万与周军对阵，但军士们无心战斗，阵前倒戈，牧野之战，纣王惨败，商朝遂亡。从此，中国历史进入了周王朝时代。

武王克商后，控制了商朝原来的统治地区，又征服了四周的许多小国。为牢固东方的大片领土，武王采用"分封亲戚，以藩屏周"的分封制，把同姓宗亲和功臣谋士分封各地，建立诸侯国。各诸侯国成为进行统治的据点，对周王室也有卫戍的作用。武王把商纣之子武庚（禄父）封于商都，借以控制商人；封其弟管叔、蔡叔、霍叔为侯，监督武庚；又将周公封于鲁、姜尚封于齐、召公封于燕。周武王死后，其子继位。因成王年幼，由周公摄政。管叔、蔡叔对周公不满，攻击周公企图谋取王位。不久，武庚与管叔、蔡叔一起发动叛乱。周公调大军东征，用了三年时间，平定了叛乱，使周王朝的统治得到巩固。

分封制是周王朝实行对全国统治的一种方式，是西周一项重要的政治制度和显著特点。通过这种制度，西周将其政治势力扩展到各地，形成了比商王朝更加庞大的奴隶制国家。

（二）西周文化

西周意识形态主要由神权和礼制两大要素。为了巩固周王的统治地位，使周王永远成为天下之主，周王朝利用神权思想在理论上的解说和支持，赋予了周王高高在上神圣的光环，解决了王权之下的国家统治权力的分配和社会秩序的塑造和维持问题。

以德配天，从理论上解决了周取代商在伦理上难以解决的问题，主张一种新的观念，皇天无亲，唯德是辅。神权思想认为天授予天命，是因承受天命者有德行。德行者，是上天认为有能力保护百姓的人。这样，天命和人事就联系起来了。在赋予统治神性因素的同时，又纳入了世俗的因素。以德配天这样的神权思想所确立的统治的正当性，其实质性根据，是在于统治者能不能实施德政，而天命是神权对这个根据的认可。以德配天的思想，不仅对西周，对后来几千年中国朝代变迁都有着深远的影响。朝代的兴起或者灭亡，无不源于失德于民或有德于民。从这个意义上看，西周之后的中国政治，从其意识形态考察，存有以民为本的元素。不过，由于制度本身的不合理与观念上的束缚，德治理念在实际实践中的效果，与所宣扬的观念相距甚远，只有在盛世之时才能够较好地体现。

礼制思想是周代的重要组成部分，是日常政治生活的规则和条理，为日常政治生活的展开、运转和实现提供了依据。礼制是德治梦想的具体化，通过礼仪定式与礼制规范塑造人们的行为与思想，通过规定人与人的之间的礼法关系来维护稳定的社会统治秩序，最终的目的是维护统治者的统治。

西周之礼作为一种政治生活规范，其存在及其所发挥的功能，承载了重要的政治权力分配功能。

《周易》是反映西周文化的一部重要著作。《周易》成书于西周初期，其主要内容不仅阐释了宇宙的存在和原理，还表达了治国的思想方法，是最能体现中国文化的经典。书中谈到世界万物是不断发展变化的，其变化的基本要素是阴和阳。《周易·系辞》中说："一阴一阳之谓道。"谈到了世界上千姿百态的万物，以及万物的各种变化都是阴阳相互作用的结果。《周易》一书包含丰富的内容，囊括了天文、地理、军事、科学、文学、农学等丰富的知识内容，既是一部哲学书，也是一部卜筮书。古人用它来预测未来，决策国家事务，所以说它还是一部讲述人类发展历史的史书。

（三）西周思想文化对中国文化的影响

西周是中国历史上非常重要的一个时代，特别是西周的思想对后世的影响极大，意义深远。无论是君权神授还是礼制，都内化为中国古代社会正统政治法律思想的核心内容。中国古代社会大一统的意识形态基本格局的奠定，追根溯源是在周朝。西周思想文化对后世的影响主要表现在以下几个方面：

一是以德配天的神权思想，贯穿了西周以后的整个中国古代社会。以德配天的思想，将神权与世俗相结合，为中国古代社会的政治统治开启了新的通道。神权法思想，倡明君权神授，倡明贤德之人取代不贤之人，是具有一定进步性的思想。

二是以宗法等级制度为核心的礼制思想，成为中国古代社会正统统治思想的核心。礼制在西周之时，主要作为政治权力分配原则，有"礼不下庶人"之说，但到汉代以后，逐渐转变为维持社会生活层面秩序的机制，其基本原则，如"亲亲，尊尊，长长""男女有别"，等等，并未发生改变，反而得到巩固和强化。

三是西周的意识形态，奠定了中国古代社会意识形态的基本格局。中国古代历史发展过程中，经历了多个朝代的更迭，但无论朝代如何更换，各朝代在社会秩序、社会生产、社会管理等方面，体现出了惊人的相似性。通过礼制思想，统治阶级建立了自身所期待的社会等级秩序。

四是西周时期有一些带有人文色彩的新思想出现。虽然西周时以神权和礼制为主要思想，但此时人们开始对天命产生质疑，信仰观念发生了由神向人的转变。周人文化精神中产生了极为可贵的忧患意识，其中含有重要的敬德与保民思想。礼乐作为一种宗教仪典形式，在西周建立之前的夏商时代就已形成，逐步延伸为人们之间相互交往的行为规范。到了西周时期，礼乐文化的价值重心发生改变，从崇尚自然向礼乐文明演进。这是意识形态在西周发展的一个崭新阶段，也是中国古代文明的重要文化基础，奠定了中国文化的基本走向。除此以外，以血缘关系为纽带的宗法制、礼乐文化等被后世儒家继承并发展，成为古代社会统治思想的核心，对整个中国文化产生了深远的影响。

二、秦文化

秦文化作为中国法治思想和政治文化的典范之一，是中华民族宝贵的思想文化遗产。西周时期，秦文化逐渐发展成熟，成为区域性文化；春秋战国时期，秦文化进一步升华为社会的主流文化；秦国统一中国后，秦文化在吸取各地文化的基础上，上升为占据主导地位的全国性文化。在以后两千多年的历史进程中，秦文化中的一些要素又成为中华传统文化的主干部分。

（一）秦文化的形成

1. 先秦文化

"先秦"指秦朝以前的时期，尤指春秋、战国。先秦时期是中国历史上第一次思想解放时期。春秋、战国时代是由奴隶社会向封建社会过渡的社会大变革时期，新旧阶级之间，各阶级、阶层之间的斗争十分激烈。不同的学者和思想家纷纷代表不同的利益集团，对宇宙和社会运行做出解释。此时，各种学说涌现，思想领域出现了百家争鸣的局面，诸子百家呈现出不同的观点，其中一些思想观念为中国封建社会奠定了基本框架。例如，儒家思想，就为中国传统文化奠定了基石，并最终成为中国传统文化的主流思想；又如，道家思想、法家思想都广为国人所接受。可以说，先秦时期是中国传统文化的孕育发展期，先秦文化奠定了整个中国传统文化的基本格局。

先秦有四大独具特色的文化区域，分别是以"法治"为鲜明特色的秦文化、以儒家文化为主的邹鲁文化、以道家文化为主的楚越文化、以综合性思想为主的齐文化。其中，秦文化是先秦文化中一道独具特色又不失魅力的风景。

2. 秦文化对周文化的借鉴和吸收

秦文化就是在先秦文化的影响下逐渐成长起来的。从秦文化的发展来看，秦文化早期对周文化进行了多方面的吸收和接纳。这一点在秦人早期活动的考古遗址中可以觅到其踪迹，如天水的董家坪秦墓中出土的陶器，从器外形、文饰等方面都与周代的同类陶器基本一致。不仅如此，秦人还学习和沿用了西周的文字。在农业和手工业方面，秦人也学习了周人的先进技术和经验。在政治制度方面，秦人承袭了周文化一整套的礼仪制度。如秦马家庄宗庙遗址中，其宗庙建筑布局、结构以及用太牢、少牢等祭祖的礼仪制度等，都与周礼契合。对于"周礼"，秦人采取了积极的态度。春秋时期周礼通行于秦国，如聘礼，当秦襄公被封为诸侯后，立即"与诸侯通使聘享之礼，乃用骝驹、黄羊、羚羊各三，祠上帝西畴"。

从公元前359年商鞅变法开始，秦文化从仅仅吸纳西周文化转向为学习六国的文化，采纳诸子百家有益的各类学说，特别是法家思想。秦文化吸收并建立了全新的法家文化体系，法家思想是秦文化的灵魂和主流意识形态。

（二）秦文化的特色

1. 理念上的创新

与其他国家相比，战国初年的秦国是比较落后的，社会经济发展相对迟缓。商鞅变法是秦国一项具有历史意义的重大事件，其本身就是追求创新、谋求新的政治体制和政治策略。在战国广泛的变法运动中，商鞅变法变革最为广泛和彻底，使秦国一跃成为战国时期最为先进的强国，为统一六国打下了坚实的基础。

2. 拼搏进取的特质

随着中原各国的不断发展，华夏文化对当时相对落后的秦人的歧视与排挤，激起了秦人奋起直追、后来居上的拼搏意识。秦人在祭祀、丧葬、礼乐制度等方面不断突破礼制名分。在宗教信仰方面的多神崇拜，反映了秦人渴求跻身和回归中原文化的心理，体现了励精图治、建立霸业、入主中原的政治抱负。正是由于秦文化具有这样的拼搏进取精神，才不断坚定了秦人不怕艰难、百折不挠的信念，并支撑着秦人不断前进，取得自身发展和文化的勃兴。

3. 包容开放的胸怀

在文化选择方面，秦人选择了包容开放的文化政策，奉行文化上的"拿来主义"，广泛汲取各家文化之长。秦文化积极汲取了西戎文化中对其有用的养料，不断从周文化中汲取精华，广泛启用有才华的外来客，如商鞅、范雎、李斯、尉缭等名臣。在经济、政治、文化的不断发展中，秦人由小到大，由弱到强，在群雄争霸中迅速实现了从摆脱困境、到复兴再生的抱负。

（三）秦文化对中华民族的影响

秦文化广泛汲取了先秦时期的多元文化，在不断融合与发展中，共同形成了丰富多彩的先秦文化。秦文化既是先秦文化的一部分，也为后来世界闻名的"汉文化"的形成奠定了政治、经济、文化基础。秦文化对中国传统文化的影响作用主要表现在以下几个方面：

（1）"大一统"国家观念的形成，对中国数千年历史的发展形成了巨大影响。秦始皇统一六国，建立了从未有过的大一统封建政权。从此，大一统观念逐渐转化为中国传统文化深层结构的社会心理，形成了中华民族的政治思维定势。秦统一后的两千年间，中国历史上虽多次出现了分裂的局面，但从整个历史发展过程来看，这种分裂只是暂时和相对短暂的，统一则是主流，即使在分裂时期，统一也仍是总的趋势。

（2）创建的专制主义中央集权制度，被后世历代封建王朝继承。秦始皇统一六国后，认为自己德高三皇，功过五帝，因此更改名号，把古代传说中的三皇五帝的称号合二为一，号称"皇帝"。从此以后，"皇帝"便成为我国历代封建国家最高统治者的称谓，延续两千余年。为了适应封建王朝统一国家的需要，秦朝的中央机构实行"三公九卿"制度。"三公"是丞相、太尉、御史大夫；"九卿"为奉常、郎中令、卫尉、典客、宗正、治粟内史、少府、廷尉、太仆。三公九卿均由皇帝任免，概不世袭。秦朝设立的"三公九卿"制度，为建立专制主义的中央集权的封建国家制度开创了新局面，对后世历代封建王朝的政治制度有深远的影响。自秦后，各朝的官制大多只是名称的更改，职务分工更细罢了，实质并没有多大变化。

（3）以农为本、重农抑商的自然经济模式的确立，对以后经济发展影响深远。公元前359年，商鞅在秦国实行变法，在经济方面制定了以农为本、重农抑商政策，保护了农业自然经济。随着秦统一全国，这种自给自足的经济成为封建社会的主要生产方式，且巩固了封建中央集权制度。从此，"重农抑商"成为历代统治者治国的基本国策，以农为本、以农为天的政策稳定了男耕女织的封建社会自然经济的形态。

（4）开文化专制主义之先河，并影响后世。秦朝奉行法家思想，实行文化专制主义政策。为了巩固统一，秦始皇在全国范围内实施"焚书坑儒"，禁止"以古非今"的言论。在两千多年的中国封建社会中，历代统治者都以专制手段来维护统治。

（5）统一文字、货币、度量衡，对中国历史发展有深远影响。为了进一步巩固大一统的局面，秦始皇以"小篆"作为标准文字，推行全国；废除六国货币，制定新的统一的货币；推行商鞅变法时制定的度量衡制度，等等。这些举措，对于巩固国家的统一，促进经济、文化的交流和社会的发展有着重要的作用，也为中国此后两千多年的历史文化发展奠定了基础。

秦文化从先秦文化中发展而来，随着秦国的建立和崛起，迅速上升成为中国社会的主流文化。在秦朝被推翻后，秦文化并未从此而销声匿迹，而是依靠顽强的生命力生存下来，成为辉煌的汉文化的基础，影响了两千多年的中国封建社会。

三、西汉文明

公元前 202 年刘邦称帝，国号汉，史称西汉，定都长安。公元 9 年，王莽自立为皇帝，改国号为新，西汉灭亡。西汉的一切制度基本上都是秦的延续和发展。各级行政机构、官僚制度和法律，都原封不动地继承下来，仅在某些地方有所改变。西汉的社会经济、文化全面发展，对外交往日益频繁，成为当时世界上最强盛的国家，对中国两千多年的封建社会甚至世界历史进程产生了决定性的影响。由于汉朝对后世影响深远，人们将华夏族及与华夏族相融合的诸族改称为"汉人"。

西汉中期是汉朝最强盛的时段，也是中国历史的三大盛世之一。汉武帝时期，吞并朝鲜，收复南越，降服西南夷，远征大宛，威震西域，开疆拓土，建立了广袤疆域，奠定了今日中国的版图。

（一）西汉文化的形成

西汉确立了以儒家思想为核心的汉文化，作为中国传统文化主体的格局，是中国文化发展的一个高峰。汉朝大量沿用秦朝的政治、文化制度，并发扬光大，形成了自己的文化。汉朝建立后，基本承"秦制"，其中包括中央集权的官僚制度、地方郡县制、赋役制度等各种制度。汉朝统治者虽汲取秦亡于"苛政"的教训，但为维护其统治，又不得不继承秦"法治"思想。汉朝推行"以吏为师"的同时，实行"以法为教"政策。法律条文比较完备，西汉法律条文按种类分，有《刑法》《军法》《章程》《越宫律》《朝律》等。

（二）西汉文化的特色

1. 与时俱进

西汉武帝时期，独尊儒术，成为此后历代文化政策的典范，是中国历史上儒学一统天下的开始。此后数千年，中国文化一直没有脱离儒家文化的范畴。

西汉统治者起初没有选择儒学主导其文化，也没有确立儒学作为其统治哲学。虽然当时部分儒生如叔孙通等受到了重用，但由当时的社会环境来看，选择道家"无为而治"的思想更为明智。道法合用为西汉解决了许多棘手的政治、经济问题，而儒家仅能解决礼乐不兴、正皇位等问题。

汉武帝即位之后，社会形势发生了极大的改变。汉初经济薄弱、统治不稳的问题基本得以解决。至此，无为而治的黄老思想，再也不能适应当时的社会情况了。大一统心切的汉武帝，亟须解决的主要矛盾是边塞的稳定和政治思想文化方面的大统一，而董仲舒改造的儒学迎合了汉武帝的这一思想。儒学思想在施政的过程中所表现出来的生命力、融合力极为强劲。汉末儒学日渐完善，逐渐融合了百家思想，并将三纲五常等思想的教化作用发挥到了极致。

儒家思想在西汉被确立为统治思想，具有深远的意义。儒家文化自此成为中华文化的核心，在其后的数千年中渐渐塑造了中华民族的民族精神。西汉儒学对魏晋时期的玄学、宋明时期的理学都有较大影响。到了清末，考据学大多以儒家的经典为对象，挖掘文化内涵。

2. 高度重视文化传承和教育的作用

西汉时期，国家建立图书典藏编校机构，此后历代的图书典藏编校机构及官职日渐完善。汉武帝采纳董仲舒的建议建立太学，教育有了极大的发展。其特点是：第一，注重经学教育和思想教化。这与西汉"罢黜百家，独尊儒术"有很大的关系。第二，西汉的官学与私学同时发展，并且互为补充。第三，教育的普及面比较广，除了贵族子弟以外，只要是符合一定条件的学子都可以入学。这就扩大了教育的影响范围，促进了整个民族文化的发展。

西汉之后的历代，基本都没有摆脱西汉所创建的教育体制。后世教育的不断发展和完善，与西汉形成的高度重视文化传承和教育的传统是分不开的。

3. 博大包容

西汉统治思想主要有两种：前期是黄老无为之治，中后期是融合了多家思想的儒学思想。

黄老思想的特点是"无为而治"，对民众限制较少，民众的思想比较活跃和自由。西汉惠帝三年（前192年）"除挟书令"，从国家政策的角度明确解除了对文化的严苛控制，从而开启了一段堪与"百家争鸣"媲美的文化大解放时期。

儒家思想具有极强的融合性，倡导的是一种多元的文化。因此，西汉文化显现出博大包容的特点，主要表现在以下几个方面：第一，不管是在黄老之学的统治之下，还是儒家思想的统治之下，西汉的文化政策均表现出对诸子百家思想的接纳包容，并吸收各流派思想中的精华部分为其所用。第二，对外来文化给予接纳和吸收。一般而言，评判一种文化是否具有活力的标准，就是对外来文化的态度。只有积极包容和吸收域外文化，才能促进域内文化的可持续发展。西汉文化政策在倡导这种文化的流动性方面发挥了至关重要的作用，因此，在不同民族的交流中，西汉文化既积极吸收域外文化的精华，又不失时机地扩大本民族文化的影响，形成独具特色的文化。

（三）西汉发达的科技文化

这时期，中国历史上第一个一元化的科技文化中心——以长安为中心的关中科技文化区域形成。中国古代科学技术的基本模式，就与此有密切的关系。百万年以前，蓝田人就开始了原始的技术活动。五六千年以前，半坡人就发明了农业生产技术、制陶等手工业技术，积累了一些原始的自然科学知识。两三千年以前，周人创造了灿烂的青铜文化。两千多年以前，秦人的医学、建筑、兵器制造、陶器手工业、道路工程、水利工程等科学和技术更是达到了前所未有的水平。这些是西汉关中科技文化获得较大发展的丰厚基础。

1. 天文学和天文观测技术

西汉初年，沿用秦朝的《颛顼历》。但《颛顼历》存在一定的误差。汉武帝元封六年（前105 年），司马迁会同公孙卿、壶遂一起上书汉武帝，建议改历。在司马迁的倡导下，西汉启动了我国历法史上的第一次大改革，制定了汉历即《太初历》。《太初历》将原来以农历十月为岁首改为以正月为岁首；开始采用有利于农时的二十四节气；首次提出了以没有中气的月份为闰月的原则，把季节和月份的关系调整得十分合理。

西汉时期的天文观测技术也趋于成熟。在长安城南，设有高十五仞（古代的计量单位）的灵台，上置相风铜乌、浑仪、铜表等天文观测仪器。在建章宫南的玉堂，铸有相风铜凤。在丞相府还置有用于计时的仪器——漏壶。当时的计时仪器已有较高的水平。为了观测冬至或夏至天气的湿度情况，还创制了一种天平式土炭测湿仪，是为文献所载的世界上最早测量空气湿度的仪器。

2. 数学体系

西汉长安的数学有着悠久的传统。仰韶文化时期，西安半坡先民已具备了数、圆形、正方形四边相等、平行对称、半径、等边三角形、直角三角形等原始数学知识。西周丰镐城中的畴人子弟更是精于九数和勾股测量。耿寿昌、张苍、许商、杜忠等，均为汉代长安的善算之人。《许商算术》2 卷和《杜忠算术》16 卷，为春秋战国时代的数学名著，但均已失传。

大约在西汉中期，我国古代第一部算学著作《周髀算经》成书。该书主要讲述了天文和历法方面的知识，在数学方面，使用了相当复杂的分数法和开平方法，还使用勾股定理，以竿测日影来计算日高。《周髀算经》是我国现存文献中最早引用勾股定理的著作。

《九章算术》是西汉以来许多数学家研究的结晶。西汉前期著名的数学家张苍、耿寿昌等人曾对它进行增删。全书共分九章，系统总结了战国、秦汉时期的数学成就，包括现代小学算术的大部分和初等数学中算术、代数及几何的大部分内容。书中搜集了许多数学问题，连同每个问题的解法，分成九大类。其中载有当时世界上最先进的分数四则运算和比例算法，各种面积和体积的算法，以及利用勾股定理进行测量的各种问题。突出成就是在代数方面记载了开平方和开立方的方法，求解一般一元二次方程的数值解法，及联立一次方程解法。这些比欧洲同类算法的出现早很多年。书中关于负数概念和正负数的加减运算法则的论述，属世界数学史上的首次记载。该书对中国古代数学的发展产生了深远影响。在中国、朝鲜和古代日本一直被作为数学教育的教科书。其后，经过印度和中世纪伊斯兰国家，还辗转传入欧洲，对文艺复兴前后数学的发展产生影响。

3. 农学和农业技术

汉初"与民休养"的让步政策，使西安地区的农业得到较大发展。西汉时期有关农业的相关知识已经相当丰富，土壤学、作物学等都有所发展。搜粟都尉赵过认真总结关中劳动人民的生产经验，并且在离宫的空地上和关中列侯的公田上进行农业科学实验，对农学和农业技术的发展做出重要贡献。其主要做法有：推广代田法，替代长期以来实行的缦田耕作制，把过去整块土地的休耕改变为一块土地上的局部休耕，从而充分利用了耕地，缓和了西汉关中人口迅速增长所造成的缺少耕地的状况；推广牛耕取代马耕，使关中等地逐渐普及了牛耕技术，对我国的农业产生了深远的影响；发明耧车和耦犁，耧车是一种播种机，能同时播种三行，也叫三脚耧。耦犁，可以用二牛一人一组耕地，大大提高了耕田的效率。

汉武帝对赵过的发明非常重视，特诏"大农令"，选择有技术的手工业奴隶，在上林苑等地大量制造新式农具，并令全国郡守派遣所属的官员到长安取经，通过他们把新农具和新技术推广到全国。这是有文字记载的第一次大规模推广农业生产新技术的活动。

农学理论的发展以《氾胜之书》为代表。氾胜之以"轻车使者"的名义在关中西安平原地区教民耕种，获得丰收。该书记述了耕作原则和作物栽培技术，对促进我国农业生产的发展，产生了深远影响。其主要内容包括耕作的基本原则、播种日期的选择、种子处理、个别作物的栽培、收获、留种和贮藏技术、区种法等。区种法（区田法）在该书中占有重要地位。此外，书中提到的溲种法、耕田法、种麦法、种瓜法、种瓠法、穗选法、调节稻田水温法、桑苗截干法等，都不同程度地体现了科学的精神。另外，《董安国》《赵氏》《尹都尉》《蔡葵》也是西汉时期的关中农学名著。

4. 医学和医著

西汉时期，医学就很发达。当时主要是以阴阳五行来解释人的生理现象和病理现象，并用这种理论进行辨证治疗。针灸疗法在汉代有很大发展，出现了《黄帝明堂经》等比较系统的针灸学专著。这一时期，西域的开通，使波斯、西亚、东南亚诸国及边疆少数民族的很多药物及医学知识传入关中，促进了中外医药文化的交流。这也是西汉关中医学发展的一个重要特点。

5. 手工业技术

西汉时期，农业迅速发展，促进了手工业的进一步发展。长安的手工业非常发达，特别是在冶铁、铸铜、煮盐、纺织和漆器业方面成绩十分突出。汉长安城的东北部是手工业作坊的聚集地，曾发掘出一个很大的陶俑作坊，还有冶铁及兵器制造作坊等。在未央宫和长乐宫之间也建有纺织文绣的作坊和染坊。长安城的手工业作坊规模很大，多由政府经营。铁、铜、丝、陶、瓷、纸等，产量大，质量高。各种手工业成品除供应国内，还远销国外。

西汉的纺织业中，丝织业最为进步和发达，有国营和民营之分。国营纺织业主要是为了给皇室和官府提供服装。最重要的国营纺织业有长安的东、西织室，专为皇室织造衣服。

造船技术是关中手工业技术的一个重要门类。西汉在渭河与黄河的交汇处设有造船处，建造了五丈长到十丈（一丈约等于3.3米）长的大船，可装五百至七百斛（斛，古量器名，也是容量单位，十斗为一斛）粮食，大大提高了运输能力。汉武帝曾在长安附近疏通水路，制造楼船，训练水军。楼船高十余丈，有好几层，船上已使用纤绳、帆、楫等。这种船只的出现，是我国古代造船技术初步成熟的标志。

中国历史博物馆珍藏着一张世界上最早的植物纤维纸——灞桥纸。这是1957年在陕西省灞桥出土的，是西汉武帝时制造的，已有两千多年的历史了。1957年5月8日，灞桥砖瓦厂在取土时，发现了一座西汉武帝时代的古墓，墓中一枚青铜镜上，垫衬着几层古纸。纸色泛黄，已裂成碎片。其制作技术比较原始，质地粗糙。经鉴定，认为它是用大麻和少量丝麻的纤维制成的。这种纸在制造纸浆时，已采用了石灰发酵的沤麻方法。灞桥纸比史书记载的蔡侯纸要早许多年。汉代的长安一直是全国名纸主要产地之一。

铜钱的铸造是汉代三大手工业之一。《汉书·食货志》记载："自孝武元狩五年，三官初铸五铢钱，至平帝元始中成钱二百八十亿万余云。"这仅仅是记载了从汉武帝到汉平帝时铸造五铢钱的数目，尚不包括其他时期的数目，已足见当时铸钱手工业的规模。在西安附近发现有五铢钱的陶母范和阴文的钱背范，说明当时制好陶范后要入窑烧造，使用之前要烘烤。铸钱时将铜正面范和陶背面范配套使用，其巧妙之处在于合范用的桦和卯都是高度对称的。新莽和东汉时期，铸钱技术有了进一步发展，已广泛采用层叠铸造法。在关中出土的叠范实物证实，古人把若干片钱范叠合起来一次就可铸成多枚铜钱。这种先进的铸造技术非常符合现代大批量生产的原理。

西汉长安的酿酒技术也很发达。当时长安酒的种类很多，有果酒、桂酒、柏酒、椒酒、菊花酒等。还有一种"醅"酒，系经过两次甚至多次复酿而成的重酿酒，特别名贵。

西汉长安的机械制造技术已达到相当的水平，其中有不少精巧高超的设计。《西京杂记》记载，长安巧匠丁援善做卧褥香炉，又名被中香炉，"为机环转运四周，而炉体常平，可置之被褥，故以为名"。被中香炉的构造原理与现代的万向陀螺仪相似。七轮大扇和九层自转博山香炉，体现了古代利用发条和齿轮传动变速原理的智慧。《西京杂记》记载了"记道车"，用于远距离长度的计量。其中的齿轮系统配合严密，设计精巧，是西汉长安机械制造水平的一种综合性体现。在汉墓中曾多次出土铜、铁齿轮。长安县洪庆村汉墓中出土的一对人字纹的铜齿轮，制作特别精致，两个齿轮结合在一起，可以互相紧紧咬接。齿轮是动力机械的基本构成部分，制造齿轮并用于机械传动，应该是西汉手工业工匠的重要发明创造。

6. 工程技术

汉长安城建筑工程技术在中国建筑史上占有重要地位。汉长安城的营建，从汉高祖时修兴乐宫（长乐宫）开始，一直持续到汉武帝太初元年（前104年）兴建建章宫、上林苑、昆明池等。汉长安城当时是中国政治、经济、科学文化的中心，也是世界上最重要的都市之一。

汉长安城遗址位于现在西安城西北10千米处。汉长安城的城墙均为板筑土墙，墙高8米，墙基宽16米。东城墙长5 940米，南墙长6 250米，西墙长4 550米，北墙长5 950米，共有12个城门。

长安城内有许多地方都有严密的排水设备。陶制水道管的设计和制作，较之秦代有了进步。建筑知识也较前丰富，出现了档、轩、槛、楹等房屋结构的专门名称。近年来考古发现，宫殿柱基虽非精雕细刻的玉石，但大都是白石。墙壁一般用板筑土夯或以土坯垒成，外边涂抹和有麦秸的草泥，草泥外再涂一层坚硬的朱红色细砂泥。

春秋时期，秦穆公称霸西戎，将滋水改为灞水并修桥，故称"灞桥"。其桥址位于今西安城东10千米。秦汉时期，曾数次修建，此桥一直是关中的交通咽喉。灞桥是汉代关中的著名桥梁，代表着汉代桥梁工程技术的水平。灞桥在唐朝时设有驿站，凡送别亲人好友，多在这里分手，有的还折柳相赠，因此，此桥也曾叫做"销魂桥"，流传着"年年伤别，灞桥风雪"的词句。"灞桥风雪"从此成了长安胜景之一，该桥千百年来屡毁屡建，历代都有维修。

水利工程技术，是西汉关中科技文化的一个重要组成部分，它对于形成灿烂的关中泾渭文明具有重要作用。当时以泾渭河为中心，在距离京都不太远的周围，先后修建了不少灌溉或漕运工程。

汉武帝令水工徐伯测量地形，主持漕渠开凿工程，历时三年，用民工数万。起点是从昆明池（今西安市昆明路附近）经昆明渠流经西安北郊河止西、沟上村，穿过灞河，经新筑镇、新丰镇、渭南、华县到华阴市北进入渭河，全长300里。到唐朝末年废弃。从河渠沿线的村落布局看，到宋、元时还有水，明代彻底干涸。该渠的凿成，表明在复杂地形中选线及测量技术都有较高水平。渠工们摸索出一种"井渠法"，即先开凿竖井，然后再在井下横向连通成渠道。井渠法施工技术是一项创举，很快就推广到甘肃、新疆一带水分容易蒸发的干旱地区。至今仍在新疆水利灌溉中发挥作用的"坎儿井"，就是井渠法技术西传的实证。

"六辅渠"是西汉关中六条渠道的总称。元鼎六年（前111年），由左内史儿宽主持，在郑国渠的上游南岸开凿六条小渠，辅助灌溉郑国渠达不到的高地。渠成之后，制定了灌溉用水法规，以扩大受益面积。

西汉时，以长安为核心区，其科学文化辐射区域不仅到达了我国的黄河流域、长江流域和边疆少数民族地区，还传播到东部的日本、朝鲜，西部的中东地区等广大地域，可见当时科学文化的发达程度。

（四）经学

汉初经过了七十余年的休养生息，统治已经巩固，社会经济有了新的发展，原来作为主要指导思想的黄老思想，已不能适应统治者的需要。就在这个时候，董仲舒援引《春秋》"大一统"的理论，提出封建国家不仅在政治上要统一，在思想上也要实现统一。董仲舒提出了"罢黜百家，独尊儒术"的主张，汉武帝接受了他的建议。汉武帝之所以认可董仲舒的儒家思想，原因主要有二：第一，董仲舒强调的"大一统"思想，可以作为加强中央集权的理论依据，迎合了面临新局面而想有所作为的汉武帝。第二，董仲舒的新儒家思想，吸收了道、法、阴阳五行等学说中有利于统治者的内容，提出了"天人合一"说和"天人感应"的理念，他把自然界的天塑造成为有意志的神，把人间的一切都说成源自上天的安排。而天事与人事密切相关，人间的帝王就是天意的代表，这为加强皇权提供了理论依据。自汉武帝确定"独尊儒术"以后，以孔孟学说为正宗的儒学成了中国封建社会统治阶级的正统思想。

（五）西汉长安的文化教育

西汉时期的长安，是一座世界文化名城，也是当时全国的教育中心。在西汉王朝的两百余年历史中，政府特别重视教育，制定出了一系列文化教育制度，对士人也十分优待，因此，长安城学者云集，在文化方面，成就极大，对后世有着深远的影响。

高祖刘邦起初并不重视文化教育。他认为，天下是刀枪打出来的，而不是从书本中读出来的。当他统一了天下以后，叔孙通为他制礼作乐，确定等级秩序，刘邦体会到了当皇帝的尊严，认识到了文人对维护封建统治的用处。从刘邦起，西汉王朝就对文化教育事业非常重视。

公元前207年，刘邦进军关中，萧何把秦朝宫廷里收藏的图书典籍抢救出来。在他主持修建未央宫时，专门规划建造了天禄阁和石渠阁，用于收藏书籍和文献档案。汉惠帝四年（前191年），西汉政府废除了禁止民间私自藏书的法令，学者们陆陆续续整理出了一批散失在民间的藏书，再加上自己的记忆背诵，逐渐凑齐了一套古代文献，弥补了秦始皇焚书所造成的损失；汉武帝时期，更为积极地收集和整理图书；汉成帝时依然继续收集和整理各类图书。经过几代帝王共同努力，许多秦末散佚的图书被收集和整理出来，藏于天禄阁与石渠阁。汉初百年之间，书集如山，天禄阁和石渠阁成为当时最大的图书馆。丰富的书籍，为发展学术文化创造了良好的条件。司马迁撰写《史记》所借鉴的文献资料，大部分都是这里的藏书。西汉的著名学者，多数都曾在这里讲学论经，整理古籍。汉宣帝时，还曾把当时的儒学大师们召集到石渠阁讨论五经。石渠阁成为西汉政府组织学者进行学术交流和文化研究的中心。

由于政府对文化的重视，在汉武帝以前，不但儒家学说已经复兴，而且诸子百家也都蓬勃而起，古代文化在新的历史基础上得到了新生。西汉开国之初，就仿照秦代旧制设立了博士官职。不同的是，秦代的博士只是一种装饰品，而西汉的博士却在国家政治中发挥着重要作用，有的博士甚至由顾问进而当上丞相。文帝时，开始设置经学博士，以备顾问；汉武帝时，立五经博士。招收博士弟子，在中国历史上首次开创了由读书取得功名利禄的正规途径。儒家学说也借助于官方势力空前兴盛，得到了广泛传播。从此以后，作为意识形态的文化教育，就牢牢地依附于封建政治，成为统治人民的思想工具。

太学在汉长安城的南安门外，是当时西汉政府办的最高学府。按照董仲舒的说法，太学是教化的根本所在。为了培养出合格的为封建统治服务的人才，太学在初办时选拔学生是非常严格的。太学生是由博士弟子演化而来，由主管文化礼仪、宗庙祭祀的太常负责选拔。汉武帝时，博士弟子在全国只选拔50人，要求年龄在18岁以上，容貌端正，刻苦勤奋，尊敬官长，顺从封建统治，严守封建道德。地方郡国推荐上来的人，还要经过太常当面审查才能入学就读。太学的学习内容是五经，即《诗》《书》《易》《礼》和《春秋》这五部儒家经典。其师传承受各有"家法"。每年进行一次考试，能够熟悉掌握一部以上经典的学生，就可以授予官职。学习非常出色的则由皇帝命题考试，给予较优厚的待遇。如果不事学业，就要除名，连推荐的官员也要随之受处分。汉昭帝时，博士弟子增至100人。汉元帝时，博士弟子已经达到了1 000人。汉成帝即位后，有人建议，孔子尚有弟子

3 000人，皇帝的学生不能少于孔子，于是博士弟子扩大到3 000人。

西汉在文化事业上的一个重大成就，就是对古代典籍的整理校订。汉武帝时，曾通令天下，征集图书，不但开辟献书的途径，而且安排抄书的官吏。汉成帝时，又派谒者陈农为使者，征集天下佚失流散的各种书籍。通过历代不断征集，长安宫中书籍越来越多，无所不有。但是，这些书籍杂乱无章，没有分类，缺乏目录索引，缺漏讹误较多。从汉成帝起，由光禄大夫刘向负责全面编排整理宫内藏书。刘向本人校定儒家经典、历史、文学以及诸子百家方面的书籍，太史令尹咸校定天文、历算、数学、占卜方面的书籍，太医李柱国校订医药、方技方面的书籍，步兵校尉任宏校订军事方面的书籍。每校完一部书，刘向就编纂一个编目摘要，向皇帝汇报。

哀帝时刘向去世，他的儿子刘歆继承父业，继续整理古籍。整理结束后，刘歆概括总结了各类书籍，写出《七略》一书。《七略》是我国最早的图书分类学和目录学专著，共由7个部分组成，分别为辑略、六艺略、诸子略、诗赋略、兵书略、术数略、方技略。辑略是综述概要；六艺略是儒家经典，相当于四部分类法的经部；其他五略各如其名，相当于四部分类法的子部和集部。《七略》共对33 090卷图书进行了分类编目，它的图书分类方法，在我国古代有着相当大的影响，不仅为汉代学者进行学术研究提供了方便，而且为后代学者保存了大量书目资料，是整理图书的典范。

《史记》的编撰也是西汉文化史上一项重大的历史成就。《史记》是由西汉武帝时期的司马迁花了13年时间撰写的中国第一部纪传体通史，被称为"信史"，与宋代司马光编撰的《资治通鉴》并称"史学双璧"。《史记》是"二十五史"的第一部。全书共一百三十卷，有十表、八书、十二本纪、三十世家、七十列传，记载了上自上古传说中的黄帝时代，下至汉武帝太史元年间，共三千多年的历史。它包罗万象，又融会贯通，脉络清晰，"王迹所兴，原始察终，见盛观衰，论考之行"（《太史公自序》），所谓"究天人之际，通古今之变，成一家之言"，翔实地记录了上古时期举凡政治、经济、军事、文化等各个方面的发展状况。鲁迅先生在《汉文学史纲要》一书中称赞该书为"史家之绝唱，无韵之离骚"。《史记》问世两千多年来，对史学的影响极大。历代的史学家无不从《史记》中汲取丰富的营养，每个时代都出现专门研究《史记》的学者。

西汉长安在文化教育事业上的成就非常显著，长安的图书资料征集保管、学校建设和古典文献整理，都出现了空前的盛况，也奠定了整个封建社会文化教育制度的基础。汉代的学术研究，正是在这一基础上才得以兴旺发达，形成了有名的汉学。在中国封建社会思想文化发展史上，西汉长安的文化教育事业有着极为重要的地位。

（六）汉代的哲学思想

汉初汲取秦亡教训，缓和矛盾，休养生息，黄老之学盛极一时。随社会政治经济形势的发展，汉武帝时"罢黜百家，独尊儒术"，儒学逐渐成为统治思想。其后谶纬之学兴起，同时出现了王充等人的反正统思想。东汉后期，佛教传入，道教兴起，哲学思想呈现复杂的新局面。

汉武帝时出于巩固封建统治的需要，论证儒家纲常伦理的绝对性，董仲舒以儒学为宗，吸收阴阳五行学说提出"天人感应论"。董仲舒的思想集中体现在《天人三策》和《春秋繁露》中。以"天人感应论"为基础形成了流行于两汉的谶纬之学。东汉前期，以王充为代表的进步思想家提出"天道自然"的观点，对"天人感应论"和谶纬之学进行了批判。

（七）汉代长安的赋与乐府民歌

汉代文学繁荣，尤其是赋与乐府民歌，在中国文学史上占有十分重要的地位。赋，是一种兼有诗歌与散文性质的古典文学形式。讲究文采和韵节，具有文辞富丽堂皇、浮华典雅的特点。汉代由于统治阶级的推崇，写赋的风气颇为盛行。当时的一些文学大家，曾经用赋的形式留下了不少传世的名篇。其中，最著名的汉赋作者是贾谊、枚乘、司马相如、扬雄、班固、张衡等人。

长安是当时全国政治、经济和文化的中心，创作汉赋的文学家们大多在这里定居或者曾经在这里生活，所以，汉赋中的许多作品都与长安有着密切的关系，或者写作于长安，或者直接描述和反映了当时长安地区的自然风光和社会面貌。西汉司马相如的《上林赋》，就是这类作品的代表作。在《上林赋》中，司马相如描绘了长安附近的天子苑囿——上林苑的壮丽景色和天子游猎的盛大场面，歌颂了汉王朝强大的国威，表现了封建社会兴盛时期统治者好大喜功的骄奢气派。类似《上林赋》这样的作品，还有东汉班固的《两都赋》和张衡的《西京赋》等。《两都赋》和《西京赋》集中描写了汉代长安地势的险要、物产的富庶、市场的繁荣和宫殿的华丽。

总的来说，汉赋虽然文辞华丽、规模宏大，并得到了当时统治者的提倡和推崇，但是，思想内容比较空虚贫乏，格调不高，思想价值远远赶不上同一时代的乐府民歌。

乐府，是我国古代掌管音乐的官署名称。它的主要任务是制定乐谱，训练乐工，搜集民间流传的歌谣，为统治者的娱乐生活服务。汉武帝时期，设在长安城内的乐府，机构庞大，人员众多，经常大规模地采集各地民歌。统治者广泛搜集民歌的目的，一方面是娱乐，另一方面是观察各地风俗民情，作为制定统治政策的参考。汉代的乐府民歌，除了少部分内容有可能经过封建文人的修饰加工之外，大部分都是当时各地的民间诗歌，有相当多是当时关中地区劳动人民创作的。流传下来的汉代乐府民歌，虽然数量不多，但具有高度的思想性和文学价值，深刻地反映了当时的百姓生活和社会面貌，真实地表达了各阶层群众的思想感情。

（八）汉代服饰

汉朝的衣服主要的有袍、襜褕（直身的单衣）、襦（短衣）、裙。由于汉代织绣工业已经很发达，富裕人家可以穿绫罗绸缎。一般人家则穿短衣长裤，贫穷人家穿的是短褐，即粗麻布做的短衣。

汉代的男服服饰主要有礼服、长冠服、委貌冠服、皮弁冠服、朝服等；汉朝的妇女穿着有衣裙两件式，也有长袍，裙子的样式也多了，最有名的是"留仙裙"，正式服饰主要有庙服、蚕服、朝服等。

汉代服饰的职别等级，主要是通过冠帽及佩绶来体现的。不同的官职有不同的冠帽。冠制特别复杂，有 16 种之多。汉代的鞋履也有严格的制度：凡祭服穿舄，朝服穿率，出门穿屦。妇女出嫁，应穿木屐，还需在屐上画上彩画，系上五彩的带子。

（九）汉代绘画

随着经济的发展、国库的充裕，作为封建帝王、地主、官僚的宫殿、坟墓等的装饰品之一的壁画也发展起来了。汉武帝时期的鲁灵光殿就有西汉最著名的大幅壁画，据王延寿的《鲁灵光殿赋》记载，其壁画内容丰富，凡当时历史上著名的宗臣、孝子、烈士、贞女的事迹，国君的贤良，政事的成败，均有绘载。

（十）汉代雕塑

西汉石刻最有代表性的，当属霍去病墓前的石刻群，有石人、石马、石牛、石虎，其中的"马踏匈奴"刻石是为纪念霍去病的战功而刻的，形象生动逼真，最为著名。其他石刻都是用巨大的完整的天然石料加工而成的。这些巨大的雕像虽然经过上千年风雨的剥蚀，依然神态生动，栩栩如生。

（十一）西汉文化对中国传统文化的影响

汉代是在秦王朝大一统的基础上建立起来的。"汉承秦制"，汉王朝不仅继承了秦帝国的政治、经济和文化制度，而且进行了新的整合与创造。这种在继承的基础上发展起来的新文化被称为"汉文化"，是中国文化发展史上的重大转化。如果说秦帝国开创了一个中央集权的封建制的社会，那么汉帝国更多的贡献则在文化方面。汉文化的确立，表明中华民族文化的基本框架已经形成，一个划时代的新文化正式开始。

西汉文化在中国历史上有着特殊的地位，主要表现为：

（1）汉王朝汲取强秦速亡的历史教训，用"法制"与"文化"兼施的方法，使中央集权制度得以确立和巩固。当年秦的统一举措是顺应历史也顺应民心的，强大而无敌。当秦取得统治权，把大多数人民置于尖锐的对立面时，就由起初的顺应历史潮流而变为背逆历史潮流，灭亡只是迟早问题。汉王朝汲取前人教训，礼法兼治，王霸并用，形成了真正能与其政治、经济相协调、互相促进发展的优秀文化。

（2）汉代的主体文化集中体现着汉代的政治、经济发展。汉王朝是中国封建社会的第一个盛世，其政治、经济模式与所取得的辉煌成就，成为后世封建统治者治理朝政的楷模。汉代的主体文化就是这个时代的政治、经济的集中反映，为中国后来漫长的封建社会的发展提供了种种历史经验和历史借鉴。

（3）汉文化的强盛进一步加速了华夏各民族的融合与统一，以汉民族为主体的中华民族正式形成。随着汉代大一统的巩固与发展，原先分布于西至秦、东至齐、南至楚、北至燕赵的广大地区的各族，逐渐融合为一个整体的民族——汉民族。汉王朝的疆域不断扩大，北至大漠（蒙古高原），西至葱岭（帕米尔高原）和巴尔喀什湖（在今哈萨克斯坦东南部），东至朝鲜及渤海、东海，南至南海、交趾（今越南），如此辽阔的大地上，所有的民族，包括所谓的东夷、南蛮、西戎、北狄等都成为汉代的编户民。汉民族遍及汉朝所辖各地并与各地的少数民族相融合。

汉代文化标志着以汉民族文化为主体的中华文化正式形成，此后延续几千年，始终没有中断。

（4）汉文化是多民族文化的多元整合。汉王朝继承发扬夏、商、周三代及秦的文明，并进行了空前统一的多民族文化的多元整合，形成新的文化。这种新的文化就是以儒家思想为核心的多民族统一的文化。它并不是春秋战国儒家学派思想的简单恢复，而是对以往长期积累的传统文化的总结、改造，又是对传统文化的推陈出新。这种新的文化符合维持中国封建宗法社会秩序与血缘亲亲关系的需要，适应大一统中央集权政治制度的需要，顺应了中国历史发展的趋势，成为维护大一统、凝聚全民族的强大思想武器。这种新的文化体现了当时领先世界的水平和气魄，既有很强的开放性，善于融合一切外来文化，又具有很强的稳定性，能同化一切外来文化。

汉文化曾长时期居于世界文化前列，对世界文化的影响也是巨大的。了解这个时期的文化，不仅能正确地评定中国古代文化在世界文化史上的地位与作用，而且有助于我们深入了解中国封建文化发展的许多重大问题，对进一步探索中国文化的民族特色、发展规律，建设中国未来现代化的民族文化具有重大的现实意义。

四、盛唐文明

唐朝（618—907年），由李渊建立，定都长安。唐朝是中国历史上统一时间最长、国力最强盛的朝代之一。627年，李世民登基，开创了"贞观之治"。唐高宗以后，武则天一度迁都洛阳15年，以周代唐（690—705年），史称武周。705年，唐中宗恢复大唐国号，还都长安。唐玄宗李隆基即位后，开创了"开元盛世"。唐朝的历史，可以以755年发生的"安史之乱"为分界线，分为前后两个时期。安史之乱之前的一百多年，唐朝国力强盛，经济繁荣，文化发达，疆域辽阔，声威远播，达到极盛时期。安史之乱后，国力日趋衰败。907年，朱温篡唐，唐朝灭亡。唐朝共历289年。

（一）盛唐文化的形成

唐朝全盛时期，在文化、政治、经济、外交等方面都达到了很高的成就，是中国历史上的盛世之一，也是当时世界的强国之一。那时的新罗、高句丽、百济、渤海和日本等周边属国，在其政治体制与文化等方面都受到唐朝的很大影响。

（二）盛唐文化的特色

1. 国家政权制度与机构日趋成熟

唐朝中央统治机构沿袭并完备了隋朝的三省六部制。三省即中书省、门下省和尚书省，同为最高政务机构，分掌决策、审议和执行的职能。其最高长官皆为宰相，共同"佐天子，总百官，治万事"。重要军国大事都由宰相们议定，然后奏请皇帝裁决。三省制度把秦汉宰相之权分而为三，既相互分工，又相互制约，避免权力过分集中，使政令的决策和施行尽量减少过失，这是封建社会政治制度走向成熟的表现。

唐朝还设立了政事堂，作为宰相议事的地方。政事堂设在门下省，高宗时将政事堂又改名中书门下。政事堂的设立，便于皇帝控制朝政，又提高了行政和决策的效率，加强了中央集权。

2. 学校教育的普及和兴盛

唐代的学校一共分为三种：首都长安设有国子学、太学、四门学、律学、算学、书学六种学校，由国子监管辖。国子监祭酒是最高学官，每个专业都设博士、助教、直讲担任教学。在校学生约2 500多人，最多时达到了8 000余人。其招生对象主要是官僚子弟，平民子弟极少。地方则设州学，并允许私人办学。学生除学习各种专业外，儒家经典是必读科目。各类学校都有一套严密的教学制度。唐代学校主要是为封建国家培养大小官僚，就其规模、种类、数量和科目来看，都比前代发展得好。由于唐代学校种类多，在校生人数多，为封建国家培养了大批人才，直接促进了唐代文化在各领域的发展。

3. 科举制度的发展和完备

科举制是隋朝创设的选官制度。当时仅有秀才、进士等科。到了唐朝，考试的科目大为增加。科举制为唐代统治者提供了选拔人才的制度保证，特别是打破了士族门阀对仕途的垄断，为庶族参政开辟了道路，扩大了封建政权的阶级基础。所谓"朝为田舍郎，暮登天子堂。将相本无种，男儿当自强"。比起同时代西方的世袭制和印度的种性制，中国的科举制无疑具有一定的进步意义。唐朝继承了隋代的科举制，进一步将其完备。唐代科举分常举和制举两种。常举，每年举行考试，有秀才、明经、进士、明法、明书、明算、道举、童子举等科，明法、明书、明算属于专门科目，常设的是明经和进士两科。明经考试的内容主要为帖经，进士主要以诗赋为主。诗赋易于显示才学，仕途宽广，升迁颇易，虽每百人只取1~2人，但尤为士人所重。制举，是由皇帝亲自主持的科举考试。考试科目很多，大部分是临时设置的。平民子弟和官吏都可以参加考试。众多人为求功名埋头于读书，促进了唐文化的发展，使得唐文化中的诗歌文学得以创新和丰富，并达到了极盛。

4. 辽阔繁荣的大一统疆域

盛唐时期，疆域辽阔，其势力超过了西汉，东至朝鲜半岛，西至中亚细亚，北至西伯利亚，南至印度。可以说，空前辽阔的疆域和强盛的大一统帝国为唐人提供了壮阔的舞台，使他们充满了前所未有的时代豪迈感，激发了他们进行文化创造的活力。

5. 刑律的修订

唐高宗时，撰成《唐律疏议》一书，共三十卷。此书今存，是我国古代流传下来的最早、最完整的一部封建法典。

6. 对外来文化兼收并蓄的博大胸怀

唐代是在经过魏晋南北朝多民族文化冲突与融合之后建立起来的大一统王朝。因此，对各少数民族的文化都有所吸收，逐渐形成了尚武豪放、开放包容的文化气质。这种气质使得唐代文人充满了文化创造的活力。唐王朝还以博大的胸怀和怀柔的手段，令各民族纷纷归附，大大增强了各民族融合和交流的趋势，从而形成各民族共同创造盛唐文化的局面，为盛唐文化注入了新鲜血液。

（三）盛唐发达的科技文化

唐代政治的清明和经济的强盛为科学技术的发展创造了良好的条件，科技在世界上均处于领先地位。在农学、天文学、历法、数学、医药、建筑、地理、印刷术、矿物、化学、机械、冶炼等方面都取得了举世瞩目的成绩，涌现出无数的著名科技人才和学者，涌现出大量的科技书籍，为中华民族的历史增添了瑰丽的色彩。

1. 雕版印刷术

雕版印刷术始于隋朝的雕版印刷，到唐代发展成熟并开始普及。唐初，唐太宗曾用这种印刷方法印过长孙皇后的《女则》，玄奘曾用回锋纸印普贤像，施给僧尼信众。唐后期，雕版印刷术逐渐推广，元稹和白居易的书已被大量印行于市，雕版印刷的历书也在民间广泛流传。1966 年韩国发现的雕版印刷的《陀罗尼经》，刻印于 704—751 年，为目前所知最早的雕版印刷品。现收藏在英国伦敦博物馆的唐咸通九年（868 年）王玠为二亲敬造普施的《金刚经》，是现存最早的标有年代的雕版印刷品。此件由 7 张纸粘成一卷，全长 488 厘米，每张纸高 76.3 厘米，宽 30.5 厘米，卷首刻印佛像，下面刻有全部经文。这卷印品雕刻精美，刀法纯熟，图文浑朴凝重，印刷的墨色也浓厚匀称，清晰鲜明，刊刻技术已达到较高水平。国内现存的最早印刷品，是 1949 年在成都东门外一座晚唐墓出土的印本《陀罗尼经》。

2. 火药的发明

火药的研究始于古代道家的炼丹术。唐初的名医兼炼丹家孙思邈在《丹经内伏硫黄法》中记载：硫黄、硝石各二两，研成粉末，放在银锅或砂罐子里。掘一地坑，放锅子在坑里，与地平，四面都用土填实。把没有被虫蛀过的三个皂角逐一点着，然后夹入锅里，把硫黄和硝石点燃。等到烧不起焰火了，再拿木炭来炒，炒到木炭消去三分之一，就退火，取出混合物。"候炭消三分之一，即去余火不用，冷取之，即伏火矣。"唐朝中期的清虚子，在《太上圣祖金丹秘诀》"伏火矾法"中也提出了一个伏火的方子："硫二两，硝二两，马兜铃三钱半。研为末，拌匀。掘坑，入药于罐内与地平。将熟火一块，弹子大，下放里内，烟渐起……"这说明唐代的炼丹者已经掌握了一个很重要的经验，就是硫、硝、炭三种物质可以构成一种极易燃烧的药，这种药被称为"火药"。由于火药的发明来自制丹配药的过程，因此在火药发明之后，曾被当作药类。《本草纲目》中就提到火药能治疮癣，杀虫，辟湿气、瘟疫。

3. 建筑

唐朝的土木建筑成就非常巨大。首都长安就是一个规模宏大、世界仅有的建筑群。城内有宫殿区，还有皇城和外郭城。城内有许多寺院道观，其中最著名的就是西安现存的大、小雁塔。

4. 历算天文

唐初数学家王孝通的《缉古算经》，第一次运用了解三次方程式的方法来解决一些复杂的工程计算问题，是一部比较高深的数学著作。高宗时，李淳风等人审订并注解了十部算经，名称是：《周髀算经》《九章算术》《海岛算经》《张丘建算经》《夏侯阳算经》

《五经算术》《缉古算经》《缀术》。唐王朝规定，十部算经作为算学的教本。到明代十部算经几乎失传。

唐代张遂（僧一行，683—727年）修订的《大衍历》是一部具有创新精神的历法，它继承了中国古代天文学的优点和长处，对不足之处和缺点做了修正。最突出的成就是，比较正确地掌握了太阳在黄道上运动的速度与变化规律。僧一行根据南北各地实测北极高度和冬至、夏至日影短长的结果，推翻了过去"王畿千里，影差一寸"的说法，证明影差和距离的比例并不固定。他用实际测量的结果，得出大约三百五十一里八十步（合现在129.22公里）而极差一度的结论。这个数字就是实测子午线的长度，虽不准确，但在世界上还是第一次，比国外早了90年。自汉代以来，历代天文学家都认为太阳在黄道上运行的速度是均匀不变的。僧一行采用了不等间距二次内插法推算出，每两个节气之间，黄经差相同，而时间距却不同。这种算法基本符合天文实际，在天文学上是一个巨大的进步。不仅如此，僧一行的《大衍历》成为当时最先进的历法，对中国天文学的影响极大，直到明末，历法家们都采用这种计算方法，并取得了好的效果。在唐开元十三年（725年），僧一行与梁令瓒合作，制成了以漏水转动的浑天铜仪。铜仪外络二轮，缀以日月，也能运行。仪体二十九转有余而日月会为一月，三百六十五转而日周天为一年。铜仪又有两个木人，一个每刻一击鼓，一个每辰一撞钟。这种既能表示天体运动，又能指示时间的仪器是后来天文钟的前身。

5. 医药学

唐初的孙思邈（581—682年）以毕生精力贡献于医药学。他认为"人命至重，有贵千金，一方济之，德逾于此"。他撰成《千金要方》和《千金翼方》，各30卷，内容丰富，总结了唐朝以前的医学。两书共收集药方5 300多个，记载了800多种药物，他还重视特效药物的研究和药物的采集方法，因而被后人尊称为"药王"。

唐高宗时，苏敬等人受命重修《本草经集注》，共53卷，称《唐本草》。《唐本草》记录药物844种，其中改正了陶弘景《本草经集注》里错误记述的药物400多种。在新增加的114种药物中，有不少是从波斯和南海传来的。《唐本草》是世界上第一部由国家编写颁布的药典。

玄宗时的王焘撰《外台秘要》40卷，分1 104门，记录单方6 900多个，对前人成果"并采精英，铨其要妙"。

除了以上主要成就外，唐代的地理科学、植物学都有骄人的成就。

（四）盛唐发达的文化教育

唐代的文化教育事业处在一个空前昌盛繁荣的时代。在京城长安，聚集了各方面的一流学者和专家，汇存了我国近千年的文献资料。代表全国水平的高等学府全都集中在这里，各类学校的学生最多的时候有几万人。当时的长安是世界各国学者向往的地方。

公元618年，唐王朝刚建都长安，就发布了兴学的诏令。唐太宗曾下令广泛征召著名的教育家进入长安的学校从事教育工作，在全国征收书籍，增置学校，扩充学舍并亲临学校听课。在皇帝的倡导下，唐长安的教育事业欣欣向荣。长安的官办学校都是由中央政府直接领导的，按不同的隶属关系为两部分。一是政府管理教育的部门，如国子监所属的学校，共有六所，分别是国子学、太学、四门学、律学、书学、算学。一是政府其他部门所属的，如弘文馆、崇文馆、崇玄学、医学等。这些都是国家级的高等学府。此外，许多政府部门虽然没有设立学校，但也有专家从事专科教育。比如门下省的校书郎就招收学生，传授整理古籍的知识；太仆寺的兽医博士也招收学生，传授兽医知识。这些专门学校是世界上最早出现的专科学校，比欧洲的专科学校早1 000年左右。

唐长安的这些官学在师资、学科、修业年限、考试、入学资格，甚至在假期和奖惩方面都有详细和明确的规定。

学校的师资大都是当时各方面的著名学者，比如《经典释文》的作者陆德明就曾在学校中讲过课。许多教师讲课都能够"多立新义"，而使"听者忘倦"。教师按水平分为博士、助教、直讲等级别。教师在当时很受尊重，就是皇帝的子孙们也必须对教师毕恭毕敬地行跪拜大礼。在学习内容上，各学校也不相同。国子学、太学、四门学等是专门学习儒家经典的学校，主要为国家培养各级政府的领导人才。算学、书学、医学等学校，主要培养技术人才。学校还照顾了各种家庭背景的子弟入学。除了国子学、太学、弘文馆、崇文馆是专为贵族和高级官吏子弟设立以外，其余的学校都面向全社会的各个阶层开放。学校每10天放假1天，称为旬假；1年放长假2次，每次一个月。请假超过200天则开除学籍。学校考试主要采取口试的形式。一般每10天考一次，年底大考一次。毕业的时候要举行毕业考试，由教育部门的最高领导国子监祭酒亲自主持。

唐长安教育事业的昌盛同当时长安国家藏书的丰富是分不开的。长安自汉代以来就是全国藏书最丰富的地方。汉成帝的时候，国家藏书已达13 000多卷。当时长安城内还出现了世界上比较早的一批"图书馆"，即石渠阁、延阁、广内阁、兰台阁、麒麟阁、天禄阁等。国家图书大多都收藏在这些阁里。隋唐时期，随着造纸技术的提高和普及，图书业进一步得到发展，书量激增。在唐朝，统治阶级特别注意收集，整理、编撰书籍。长安所有的教育机构中都有藏书，其中尤以弘文馆藏书最丰。唐玄宗曾派人专门整理国家藏书，广借流传于民间的不同版本校正、抄录、改错，订伪，按经、史，子、集四部分类，整理出8万多卷图书。丰富的藏书是长安教育事业蓬勃发展的基础。

唐长安昌盛的教育事业和丰富的藏书，不仅吸引了国内的求学者，而且引起了世界各国学生留学中国的热潮。日本、新罗、阿拉伯各国都不断派人到长安学习。他们回国的时候除了带着学到的知识外，往往还带回去大批书籍。公元 9 世纪，日本人对隋唐文化采用"类聚"的方法进行整理，如滋野贞主所编纂的《经国集》《秘府略》，记载由唐朝传入日本的书籍就达 1 000 多卷。

公元 630 年到 838 年，日本曾 19 次派遣遣唐使到长安，学习汉文化。日本学者阿倍仲麻吕（汉名晁衡）在公元 717 年到达长安，进入太学学习。他勤奋好学，不仅以优异成绩毕业，还参加了科举考试，金榜题名，做了唐朝的官吏。日本学者吉备真备在长安留学 18 年，上完太学后，又跟着著名学者、四门学助教赵玄默学习。学成后他带着 130 卷《唐礼》返回日本，受到日本天皇的召见，后来负责日本最高学府的教学工作，成为日本著名学者。新罗来长安学习的更是不计其数。仅在公元 840 年，学成回新罗的学生就有 105 人之多。新罗人崔致远 12 岁来中国，18 岁时就在长安考中了进士。阿拉伯人李彦升在公元 848 年在长安也考中了进士。进士在当时科举中是比较难考的，每年的进士最多只有几十名，这些外国人能考中进士，既说明了他们学习的勤奋，也说明了长安教育机构的开放。

在长安城里，除了兴旺发达的官学外，民间私相传授的私学也比比皆是，其中影响最大的要算佛教寺院的宗教教育。

中国佛教在唐代发展到了它的极盛时期。长安佛教代表了全国佛教的最高水平。在这里汇集了当时最著名的佛学大师，收藏着丰富的佛教经典。长安著名的佛寺如大兴善寺、慈恩寺、荐福寺、西明寺等都藏有大量经书，仅西明寺就藏书达一万卷之多。有了这样的学习条件，长安的寺院培养出了大批高僧。其中不仅有从全国各地来的僧人，而且有从外国来的僧人。当时把外国来的僧人称为"留学僧"。在日本 19 次的遣唐使中，每次都有留学僧来到长安各寺院学习，其中许多人回国后都成为一代佛学大师。高僧玄奘曾在慈恩寺教导过一个叫道昭的日本留学僧。道昭学成回到日本后，成为日本法相宗的第一代祖师。日本僧人空海在公元 804 年来到中国，初住西明寺，后在青龙寺跟随密宗大师惠果学习真言密宗三年。空海回国后，创立了日本的真言宗。历史名著《入唐求法巡礼行记》的作者日本僧人圆仁，也先后在大兴善寺和青龙寺学习了三年，这给他以后的写作打下了坚实的基础。新罗人义湘（625—702 年）在长安学习华严宗，归国后开创了海东的华严宗，而长安的至相寺则被视为朝鲜华严宗的祖庭。

官学和私学的迅速发展，造成了唐代长安教育事业空前繁荣的局面。唐朝之所以能成为中国封建社会最鼎盛的时代，唐长安之所以能成为当时国际上第一流的大城市，与当时这里拥有世界最先进的教育事业、最丰富的国家藏书和发达的文化紧密相关。

（五）盛唐璀璨的文学艺术

唐朝国力的强盛，为文化的发展创造了极为有利的环境。中外文化的交流、统治者开放的政策、民众恢弘的气度和对待不同文化的包容心理，对文学题材的开拓、文学风格的多样化，具有重要的意义。南北文化的交融，使南方的"文"装点了北方的"质"，北方的"质"补充了南方的"文"。此外，科举制的推行，刺激了文人的功名心和积极进取的精神，一大批寒门士子进入仕途，进入文坛，使文学离开宫廷的狭窄圈子，走向社会，促进了文学的发展。

唐朝是我国文学史上的辉煌时期，诗歌、散文、小说、传奇等方面成就斐然。特别是诗歌，自建安以来在文学形式上极被重视的声律和对偶，在唐朝达到了完美的境界。清康熙年间编纂的《全唐诗》中，记载的唐代作家有 2 200 多人，作品 48 000 多首。后经补轶，目前所存唐诗已超过 5 万首。诗人之众，诗作之繁，诗艺之高，堪称中国文学发展史上的奇观。

1. 唐诗

唐诗是我国优秀的文学遗产之一。唐诗的题材非常广泛：有的从侧面反映当时社会的阶级状况和阶级矛盾；有的歌颂正义战争，抒发爱国思想；有的描绘祖国河山的秀丽多娇；此外，还有抒写个人抱负和遭遇的，有表达儿女爱慕之情的，有诉说朋友交情、人生悲欢的等。

唐诗的形式是多种多样的，分为古体诗（五言和七言）、近体诗（绝句和律诗）。绝句和律诗又各有五言和七言。古体诗对音韵格律的要求比较宽：一首之中，句数可多可少，篇章可长可短，韵脚可以转换。近体诗对音韵格律的要求比较严：一首诗的句数有限定，即绝句四句，律诗八句，每句诗中用字的平仄声，有一定的规律，韵脚不能转换；律诗还要求中间四句对仗。古体诗的风格是前代流传下来的，所以又叫古风。近体诗有严整的格律，所以又称为格律诗。

初唐诗坛上的青年诗人王勃、杨炯、卢照邻、骆宾王，时人称之"初唐四杰"，以青春的活力拉开了唐诗的帷幕。"初唐四杰"诗歌的共同特征是词句华丽，"骨气翩翩"，风格刚健清新，语言自然活泼。他们把诗歌从宫廷文学狭窄的圈子里解放出来，开始面对现实，反映各阶层人们的生活；揭露现实，讽刺豪门贵族；表现个人的情怀与雄心壮志；描写大自然的美好风光，从而扩大了题材，增添了新的内容。

盛唐是唐诗的鼎盛时期，名家辈出，宛如星汉。很多诗人生活在长安，并以长安及周边地区的风土人情为描写对象。王维《山居秋暝》的"空山新雨后，天气晚来秋。明月松间照，清泉石上流"，尽显长安东南蓝田山的妩媚。

经历了盛唐的成熟，唐诗开始向多样化发展。中晚唐时期，各种风格，各个诗派极尽变化，如满天繁星，五彩斑斓。这个时期有众多的诗人，以"诗魔"之称的白居易就是代表，还有"诗鬼"李贺、意蕴深微的李商隐、诗彩清丽的杜牧，等等。

综上所述，唐诗宏伟的画卷，姹紫嫣红，千流百派，灿烂夺目，是汉民族最珍贵的文化遗产，是汉文化宝库中的一颗明珠，同时对周边民族和国家的文化发展产生了很大影响，对后世也影响极大。

2. 描绘长安全景的唐诗

细观唐诗，就会发现，唐代许多著名的诗人都在长安生活和居住，他们留下了大量的描绘长安风情风景、人情世态的脍炙人口的诗歌，在中国文学史上形成了一道亮丽的光彩。在中国历史上描绘都城的诗歌很多，但像唐朝这样，全景似的描绘，美轮美奂的意境，且诗的数量之多，是独一无二的。一千多年过去了，人们已不能看到当时唐代的长安了，但是由于有这些描绘长安全景的唐诗存在，就可以从中领略当时帝都长安的城阙宫苑、风土人情、郊野山川、四时景物。

唐朝有关长安的名篇佳作，有对大雁塔、曲江、华清池、大明宫等著名景观的描绘；有对长安的四季，如正月、寒食、清明、春日、秋色、雪景的描绘；有对长安的宗教寺观、郊野山川的描绘；有对长安的杏花、桃花、牡丹、芍药、梅花的描绘；更有对长安城劳动人民生活和遭遇战乱的描绘等等。

骆宾王的《帝京篇》："山河千里国，城阙九重门。不睹皇居壮，安知天子尊。"充分描绘了规模宏大的京城长安的雄浑壮丽。

白居易的《登观音台望城》："百千家如围棋局，十二街似种菜畦。遥认微微上朝火，一条星宿五门西。"这首诗则描绘了长安城内建筑布局匀称，城坊整齐，皇宫衙署，市民住宅，分区设立，不相混杂的风貌。

王维的《和贾至舍人早朝大明宫之作》："绛帻鸡人报晓筹，尚衣方进翠云裘。九天阊阖开宫殿，万国衣冠拜冕旒。"这首诗写出了唐大明宫早朝时庄严华贵的气氛。

徐黄的《放榜日》"喧喧车马欲朝天，人探东堂榜已悬"，写了放榜时的热闹景象。

孟郊的《登科后》则抒发了高兴的心情："春风得意马蹄轻，一日看尽长安花。"

此外，还有大量描写当时长安景色生活的诗句，如：

韩愈《早春呈水部张十八员外》："天街小雨润如酥，草色遥看近却无。最是一年春好处，绝胜烟柳满皇都。"

杨巨源《城东早春》："诗家清景在新春，绿柳才黄半未匀。若待上林花似锦，出门俱是看花人。"

李白《子夜秋歌》:"长安一片月,万户捣衣声。秋风吹不尽,总是玉关情。何日平胡虏,良人罢远征。"

卢纶《出山逢耿湋》:"云雪离披山万里,别来曾住最高峰。暂到人间归不得,长安陌上又相逢。"

朱湾《长安喜雪》:"千门万户雪花浮,点点无声落瓦沟。全似玉尘消更积,半成冰片结还流。光含晓色清天苑,轻逐微风绕御楼。平地已沾盈尺润,年丰须荷富人侯。"

白居易《春雪》:"月晦寒食天,天阴夜飞雪。连宵复竟日,浩浩殊未歇。大似落鹅毛,密如飘玉屑。寒销春茫苍,气变风凛冽。上林草尽没,曲江水复结。红干杏花死,绿冻杨枝折。"

杜甫的《春望》:"国破山河在,城春草木深。感时花溅泪,恨别鸟惊心。"

白居易的《卖炭翁》:"卖炭翁,伐薪烧炭南山中。满面尘灰烟火色,两鬓苍苍十指黑。"

唐代诗人咏长安,就每一首诗来看,只反映了长安的一处风光,但汇集在一起,就为人们展开了一幅完整的画卷。这幅画卷不仅反映了一个城市,而且是一个社会,展现了唐代长安的繁荣景象,又揭示了那个时代的兴衰。

3. 乐舞

唐代乐舞借鉴外来艺术,跃上了新的台阶。长安城内住有大批西域音乐家,著名的有中亚昭武九姓诸国的曹保、曹善才、曹刚,他们是蜚声艺林的琵琶名手。白居易赞扬曹刚的琵琶绝技:"拔拔弦弦意不同,胡啼番语两玲珑。谁能截得曹刚手,插向重莲衣袖中。"《唐会要》所列天宝十三载曲名中,就有《龟兹佛曲》等曲,流行的乐曲有数百首,长安、洛阳等地尤为风行。王建《凉州行》诗云"城头山鸡鸣角角,洛阳家家学胡乐",足以反映西域音乐在唐的盛行。

在唐乐舞中,《霓裳羽衣曲》最为著名,相传是唐玄宗所作,具有浓郁的浪漫主义色彩,反映出唐乐舞发展的最高成就。白居易称赞说:"千歌万载不可数,就中最爱霓裳舞。"

(六) 盛唐的哲学思想

隋唐两代为中国封建社会鼎盛时期,统治者采取了儒、释、道兼宗的政策,提供了三教互相批判又互相吸收的环境。佛教哲学关于心性、理事问题的讨论;韩愈的道统说;柳宗元、刘禹锡关于天人关系的讨论成为这一时期哲学的中心问题。

1. 心性、理事

佛教哲学讨论心性、理事的目的在于否定客观世界的真实性,解决成佛的问题,但各宗派的观点有很大不同。主张印度佛教唯识学说的唯识宗强调境不离识，"万法唯识"，认为凡夫只有转识成智才能成佛。具中国化特点的天台宗、华严宗、禅宗则认为人心即"真心"，其自性本觉，只因妄念所蔽，故为凡夫。如能熄灭妄念，使觉性复原就可成佛。尤其禅宗，创顿悟学说，立无念为宗，主张见性成佛，在唐代后期广为流传。与心性问题相联系，在理事关系上天台宗主张三谛圆融，华严宗提出理事无碍，事事无碍。涉及对本体与现象、现象与现象关系的认识。上述讨论对宋明时代哲学的发展产生了重要影响。

2. 道统与法统

中国佛教各派形成后，都宣称本教派有一由历代祖师一脉相承的传法系，称道统。为与佛教抗衡，唐代中期韩愈提出了儒家的道统说。韩愈认为儒家道统所传之道即仁义道德，此道统自尧、舜、禹、汤、文、武、周公传至孔、孟，孟子以后道统中断。他认为自己的使命就是继承孟子，延续儒家道统。他主张佛教为夷狄之法，唯儒家道统才是正统。韩愈复兴儒学的努力对后世中国哲学的发展产生了重要影响。

3. 唯物主义思想的发展

唐初唯物主义思想家的代表是傅奕和吕才，唐后期的代表人物是柳宗元和刘禹锡。柳宗元在他的《天说》《天对》等文章里，批判了天能赏罚功过的迷信思想；刘禹锡在他的《天论》中，阐述了天与人的关系，提出"天与人交相胜"的命题，较为进步。

（七）盛唐服饰文化

唐代开始，人们对服饰特别讲究。工艺装饰普遍使用花卉图案，其构图活泼自由、疏密匀称、丰满圆润，特别是波状的连续纹样与花草相结合后，构成了唐代盛行的缠枝图案。

唐代服饰图案，是对真实的花、草、鱼、虫进行写生。受皇权神授的影响，传统的龙、凤图案仍然采用，这时服饰图案的设计突出的艺术风格是：丰腴与肥壮。

唐代的服饰图案继承了周、战国、魏晋时期的风格，融周代服饰图案设计上的严谨、战国时期的舒展、汉代的明快、魏晋的飘逸为一体，又在此基础上更加华贵，使服饰、服饰图案达到了历史上的艺术高峰。唐代的服饰、服饰图案对后代的影响一直延续到今天。缠枝纹在现代服饰图案中的运用，展示了传统纹样与现代审美意识结合所产生的意蕴。

（八）唐文化对中国传统文化及世界文化的影响

唐文化广泛吸收和借鉴了一切有益于自身的文化因素，在继承中不断创新，在中国历史上起到承前启后的作用。唐文化在中国传统文化发展中，占有重要历史地位，甚至对世界文化的发展都产生了重大影响。

唐文化具有丰富的内涵，它不仅继承了秦汉以来传统文化之精华，而且汲取了外来文化的营养不断丰富壮大自己。如唐文化和西域各民族文化在相互交流中，既有彼此排斥的矛盾，也有相互同化的关系。唐代以博大的气魄，雄厚的实力，根据自身的需要，对西域文化进行了选择和改造，从而丰富和发展了自身的文化内涵。

唐代在文化方面的开放政策，在一定程度打破了大一统单一化的封闭文化体系。如在宗教文化方面，唐代对宗教采取开放政策，这个政策使得多种宗教传入唐朝。当时除佛寺道观遍布全国各地外，还有景教、祆教（拜火教）、摩尼教及伊斯兰教等。唐朝宗教特别兴盛，但是唐朝人的宗教观有一个鲜明特点，就是把入世主义和自由思想所呈现的乐观、积极的现实主义精神注入宗教文化之中。

唐代文化璀璨夺目，宏大渊博，它不仅是民族的瑰宝，也在世界文化史上映照古今，对当时和以后世界文明的发展起到了巨大的推动作用。日本学者井上清在《日本历史》中说："唐朝的文化是与印度、阿拉伯和以此为媒介甚至和西欧的文化都有交流的世界性文化。"作为世界性文化的唐文化，在公元7—9世纪异彩焕发，而同时期的欧洲文化尚在低谷徘徊。英国学者威尔斯在他的《世界简史》一书中描述道："在整个第七、八、九世纪中，中国是世界上最安定最文明的国家……在这些世纪里，当欧洲和西亚敝弱的居民，不是住在陋室或在城垣的小城市里，就是住在凶残的盗贼堡垒中；而许许多多中国人，却在治理有序的、优美的、和谐的环境中生活。当西方人的心灵为神学所痴迷而处于蒙昧黑暗之中时，中国人的思想却是开放的，兼收并蓄而好探求的。"

唐代强大的文化，使之成为向周边国家和地区辐射的文化源地，唐文化在世界文化史上占有重要地位。在今天，弘扬唐代文化对提升西安的国际地位和建设人文西安、活力西安有着重大的现实意义和深远的历史意义。

第二节　历史在这里转身

西安，堪称中国古代社会的"天然历史博物馆"。在这块古老的土地上，曾经发生过无数影响深远的历史事件。其实，历史就是一个长长的链条，是由一个一个事件组成的。一个在当时看来似乎很普通的事件，可能会影响历史这个链条的行进方向。西安就承载了许多影响历史链条走向的事件。如果说众多的事件改变了历史，那么，也可以说，西安改变了历史。

一、武王伐纣

武王伐纣是我国历史上的一件具有划时代意义的大事，是一场真正意义上的革命。它改变了腐朽的奴隶制度，开启了封建时代，是历史的进步。大约公元前 1046 年，周武王率军从现今渭河流域的西安一带出发，武力伐纣。进军到距朝歌七十里的牧野，举行誓师大会，列数了商纣王的许多罪状，鼓舞军队和商纣王决战。这时，纣王的军队主力还在其他地区，一时调不回来，只好将大批的奴隶和俘虏来的东南夷人武装起来，凑了十七万人与周军决战。可是这些军队刚与周军相遇时，就立即反叛。结果，纣王大败，连夜逃回朝歌，眼见大势已去，只好登上鹿台放火焚宫。商朝灭亡。

近年来，国家进行有关夏商周断代研究，天文学家依据铭文中所记"甲子"日"岁"（木）星在中天的天象，参照《国语·周语》记载的天象记录，运用现代天文理论，计算出武王伐纣的时间在公元前 1046 年 1 月 20 日早晨。

二、国人暴动

周夷王死后，其子周厉王姬胡继位。为了改变朝廷的经济状况，周厉王任用荣夷公为卿士，实行"专利"政策，将山林湖泽改由天子直接控制，不准国人进入谋生。周都镐京的国人因不满周厉王的政策，怨声载道。大臣召穆公进谏说："民不堪命矣！"（老百姓无法忍受了！）周厉王又命令卫巫监谤，禁止国人谈论国事，违者杀戮。在周厉王的高压政策下，国人不敢在公开场合议论朝政。人们在路上碰到熟人，也不敢交谈招呼，只用眼色示意一下，然后匆匆地走开，这就是"道路以目"。周厉王对召穆公说："吾能弭谤矣，乃不敢言！"（我有能力制止人们的非议，他们再也不敢议论了！）周厉王这样的高压政策，进一步激化了社会矛盾。

周共和元年（前 841 年），爆发了"国人暴动"，镐京的国人集结起来，手持棍棒、农具，围攻王宫，要杀周厉王。周厉王带领亲信逃离镐京，沿渭水河岸，一直逃到彘（今山西省霍州市），并于公元前 828 年（周共和十四年）病死于该地。国人攻进王宫，没有找到周厉王，便转而寻找太子姬静。召穆公将姬静藏了起来，国人围住召穆公家，要召穆公交出太子，召穆公"乃以其子代王太子"。《竹书纪年》记载："（国人）执召穆公之子杀之。"召穆公将自己的儿子冒充太子交给国人，被国人杀死，才保住了太子的性命。

周厉王被国人赶出镐京,此时宗周无主,周公和召公根据贵族们的推举,暂时代理政事,重要政务由六卿合议。这种政体,称为共和,史称"周召共和"或"共和行政"。

共和行政是中国编年史上的一件大事。从此,中国的历史有了确切的纪年,一直到今天。按《史记》卷十四《十二诸侯年表第二》算,共和元年,岁次庚申,即公元前841年。

三、烽火戏诸侯

烽火本是古代敌寇侵犯时的紧急军事报警信号。由国都到边镇要塞,沿途都遍设烽火台。西周为了防备犬戎的侵扰,在镐京附近的骊山(在今西安东南的临潼区)一带修筑了二十多座烽火台,每隔几里地就有一座。一旦犬戎进袭,首先发现的哨兵立刻在台上点燃烽火,邻近烽火台也相继点火,向附近的诸侯报警。诸侯见了烽火,知道京城告急,天子有难,必须起兵勤王,赶来救驾。

周襄公七年(前771年)春,昏庸的周幽王为博得宠妃褒姒一笑,采纳了佞臣虢石父的建议,带着褒姒,由虢石父陪同登上了骊山烽火台,命令守兵点燃烽火招引诸侯前来白跑一趟。褒姒看了果然哈哈大笑。周幽王因为宠爱褒姒,三戏诸侯,导致众叛亲离。后来,申侯串通西戎、戎狄入侵周朝,幽王点燃烽火,但诸侯因为前事,无人相救,周幽王在骊山被杀。周朝历史的进程由此被改变了。

四、商鞅变法

商鞅(约前390—前338年),卫国(今河南安阳市一带)人,战国时期政治家,著名法家代表人物。他是卫国国君的后裔,公孙氏,故称为卫鞅,又称公孙鞅,后因在河西之战中立功获封于商十五邑,号为商君,故称之为商鞅。商鞅在秦孝公的支持下,推行新法,秦国走向富强,史称商鞅变法。

商鞅变法是分两次进行的。第一次开始于公元前356年,第二次开始于公元前350年。变法内容如下:(1)废井田,开阡陌,承认土地私有;(2)重农抑商,奖励耕织;(3)奖励军功,建立军功爵制;(4)实施连坐制;(5)推行县制,由国君直接派官吏治理;(6)统一度量衡。

商鞅变法的积极影响是:废除了奴隶主贵族的世袭特权,促进了封建经济的发展,加强了新兴的中央集权制度;使秦国经济繁荣,军力强大;天下人才汇集;军事胜利,领土扩张，国力强盛。其消极影响是：重农抑商导致生产力发展缓慢，难以促进资本主义萌芽的生长；实行专制中央集权导致国家逐渐僵化，失去活力，难以进入民主社会。

商鞅在秦国掌权 19 年，他的新法在秦孝公的支持下，得到较彻底的推行，使秦国很快富强起来。由于商鞅变法侵犯了贵族们的利益，因之遭到他们的强烈反对。前 338 年，孝公死，太子驷继位，是为秦惠王。公子虔等乘机发动反攻，诬陷商鞅，以"谋反"的罪名，将他逮捕并车裂。商鞅虽死，秦惠王和他的子孙都继续实行商鞅的新法，所以秦的国势继续发展，为后来秦灭六国，统一中国奠定了基础。

五、鸿门宴

公元前 206 年，项羽在函谷关（今河南灵宝市东北）攻破秦军，进驻鸿门（今西安市临潼区东北）。此前，刘邦已由武关（在今西安市蓝田县）入关中，接受秦王子婴投降。按当初楚怀王心与二人的约定，当以先入者为关中王。刘邦应邀前往拜会项羽。席间，项羽谋士范增曾数次示意项羽杀掉刘邦，项羽不听。范增又命部将项庄在席前舞剑，以助兴之名，借机刺杀刘邦，未遂。刘邦在张良和樊哙的帮助下脱险，逃回灞上。这是楚汉之争的转折点。此后刘邦厉兵秣马，最终击败项羽；而项羽兵败乌江，自杀身亡。

刘邦最终战胜项羽后，一统中原，建立了汉朝，拉开了中国历史全新的一幕。

六、文景之治

吕后死后，诸吕之乱被以周勃为领袖的大臣铲除，众臣迎立汉文帝刘恒。在汉文帝刘恒和儿子汉景帝刘启即位期间，采取黄老无为而治的手段，实行轻徭薄赋、与民休养生息的政策，使百姓负担得到减轻，生活水平得到了很大程度的提升，同时汉王朝的物质基础大大增强。到景帝后期时，国家的粮仓充实，新谷子压着陈谷子，一直堆到了屋外；府库里的大量铜钱，多年不用了，穿钱的绳子烂了，散钱多得无法计算。历史上称这一时期的统治为"文景之治"，是中国皇权专制社会的第一个盛世。

文景之治也为后来汉武帝征伐匈奴奠定了坚实的物质基础。虽然汉景帝刘启时期（前 154 年）发生了此时期唯一的动乱——"七国之乱"，但是仅经历 10 个月即为周亚夫、栾布所平定，并未对汉朝带来实质影响。

七、独尊儒术

汉初统治者实行宽松的裕民政策，使百姓生活比较安定，社会经济迅速得以恢复。但是无为而治也导致了新的问题：王国势力凌驾朝廷，富商豪强侵蚀农民的土地和劳动成果。与此同时，宽松的政治环境也为各种言论的产生提供了土壤。

在各种学说并存，文化思想活跃的同时，必然导致一定的思想混乱。在这样的大背景下，汉武帝元光元年（前134年），董仲舒在《举贤良对策》中提出"诸不在六艺之科孔子之术者，皆绝其道，勿使并进"（《汉书·董仲舒传》）。同年，武帝采纳丞相卫绾之议，罢黜"治申、商、韩非、苏秦、张仪之言"（《汉书·武帝纪》）的官员。

建元五年（前136年）武帝设置五经博士，儒家经学在官府中更受推崇。建元六年（前135年），武帝起用好儒术的田蚡为相。田蚡把不治儒家五经的太常博士一律罢黜，排斥黄老刑名百家之言于官学之外，并且优礼延揽儒生数百人。这就是有名的"罢黜百家，独尊儒术"。独尊儒术以后，官吏主要出自儒生，儒家学说得以发展，成为此后两千多年时间里的封建正统思想。

八、贞观之治

"贞观"为唐太宗李世民年号，出自《易·系辞下》："天地之道，贞观者也。"贞，正，常；观，示，意即以正道示人。"贞观之治"是指唐太宗在位期间的清明政治。唐在长安建都后，唐太宗能任人唯能，知人善用；广开言路，虚心纳谏，重用魏征等诤臣；采取了以农为本、厉行节约、休养生息、文教复兴、完善科举制度等政策，使得社会出现了安定繁荣的局面。唐太宗李世民大力平定外患，并尊重边族风俗，稳固边疆。当时年号为"贞观"（627—649年），故史称"贞观之治"。这是唐朝的第一个清明之世，为后来的开元之治奠定了厚实的基础。

九、开元盛世

唐玄宗（李隆基）开元年间（713—741年）政局稳定，经济繁荣，文化昌盛，国力富强，是唐朝极盛的时期。唐玄宗在位44年，开元之治是唐玄宗统治前期所出现的盛世。前期（开元年间）政治清明，励精图治，经济迅速发展，提倡文教，使得天下大治，唐朝进入全盛时期，并成为当时世界上最强盛的国家，史称"开元盛世"，前后共29年。

开元年初，唐玄宗命人烧毁宫内一批珠玉锦绣，表示不再用奢华物品的决心。他进行一些改革，任用了宰相姚崇、宋璟、张九龄等人，都是有名的诤臣。这些改革措施，使开元间的政局为之一新。开元年间的繁荣景象，是唐朝百余年来社会发展所积累的成果，并不是唐玄宗君臣一时所能创造出来的奇迹，但这与唐玄宗君臣的孜孜求治，政治比较清明，也是分不开的。

十、丝绸之路

丝绸之路起始于古代中国的政治、经济、文化中心古都长安（丝绸之路纪念群雕位于今天西安市的大庆路与枣园东路三岔口），连接亚洲、非洲和欧洲跨越陇山山脉，穿过河西走廊，通过玉门关和阳关，抵达新疆，沿绿洲和帕米尔高原通过中亚、西亚和北非，最终抵达非洲和欧洲。它是一条东方与西方之间经济、政治、文化进行交流的商业贸易路线。它的最初作用是运输中国古代出产的丝绸。

与南方的茶马古道形成不同，丝绸之路的开通有更多官方色彩，西汉汉武帝时张骞和东汉时班超出使西域，都是受皇帝派遣。张骞首次打通丝绸之路，被称为"凿空之旅"。西汉末年，在匈奴的袭扰下，丝绸之路中断。公元73年，东汉时的班超又重新打通隔绝了58年的西域，并将这条路线首次打通延伸到了欧洲，到了罗马帝国。罗马帝国使者也首次顺着丝绸之路来到当时东汉洛阳。这是欧洲和中国的首次交往。在通过这条漫漫长路进行贸易的货物中，中国的丝绸最具代表性，"丝绸之路"因此得名。丝绸之路不仅是古代亚欧互通有无的商贸大道，还是促进亚欧各国和中国的友好往来、沟通东西方文化的友谊之路。历史上一些著名人物，如出使西域的张骞、投笔从戎的班超、永平求法的东渡佛徒、西天取经的玄奘，他们的一些故事都与这条路有关。自从张骞打通西域以后，通过这条贯穿亚欧的大道，中国的丝、绸、绫、缎、绢等丝制品，源源不断地运向中亚和欧洲，因此，希腊、罗马人称中国为"赛里斯国"，称中国人为"赛里斯人"。所谓"赛里斯"即"丝绸"之意。19世纪末，德国地质学家李希霍芬将这条东西大道誉为"丝绸之路"。德国人胡特森在多年研究的基础上，撰写成专著《丝路》。从此，"丝绸之路"这一称谓得到世界的承认。丝绸之路，概括地讲，是自古以来，从东亚开始，经中亚，西亚进而联结欧洲及北非的这条东西方交通线路的总称。

丝绸之路在世界史上有重大的意义，是亚欧大陆的交通动脉，是中国、印度、希腊三种主要文化的交会点。

十一、二虎守长安

1926 年春，匪首刘振华在吴佩孚、张作霖的支持下，纠集 10 万人进攻西安。刘振华围城 8 个月之久，国民军将领杨虎城、李虎臣率全城军民坚守，后冯玉祥将军率军入陕，西安之围被解，史称"二虎守长安"。

十二、西安事变

西安事变，又称"双十二事变"。1936 年 12 月 12 日，为了劝谏蒋介石改变"攘外必先安内"的既定国策，停止内战，一致抗日，时任西北剿匪副总司令、东北军领袖张学良和时任国民革命军第十七路总指挥、西北军领袖杨虎城在西安华清池发动兵变，扣留了时任国民政府军事委员会委员长和西北剿匪总司令的蒋介石，时称"西安兵谏"。中共中央派周恩来同志主导谈判，最终以蒋介石接受"停止内战，一致抗日"的主张而和平解决，促成了第二次国共合作，形成全面抗战的局面，为中华民族的抗日战争胜利奠定了坚实的基础。

当时在西北地区，以西安为中心的国民党军队的主要力量有张学良率领的东北军和杨虎城率领的第十七路军，这两支军队均非蒋介石嫡系，屡受排挤，对此，他们极为不满，尤其是东北军，过去盲目执行蒋介石的不抵抗政策，弃守东北，遭到国人唾弃，后又受命"剿共"，蒙受重大损失，全军上下深感"剿共"没有出路，强烈要求抗日，收复东北国土。在瓦窑堡会议之后，中国共产党通过种种渠道，大力开展对这两支军队的思想工作，坚定了张、杨联共抗日的决心，从而使党的抗日民族统一战线政策首先在西北地区取得胜利。

张学良自从在西北地区实行联共抗日之后，曾多次劝谏蒋介石停止内战，一致对外，都遭拒绝。蒋介石调集嫡系军队约 30 个师准备从河南进入陕甘参加"剿共"。之后，蒋又于 1936 年 12 月初到西安逼迫张学良、杨虎城把军队全部开赴陕北"剿共"前线。12 月 12 日凌晨，东北军和第十七路军协同行动，扣留了蒋介石，并囚禁了陈诚、卫立煌等国民党军政大员，随即通电全国，提出改组南京政府、停止一切内战等八项抗日主张。

西安事变发生后，在国内外引起了强烈的反响。在如何对待事变的问题上，南京当权势力中出现了两种对立的主张。以军政部长何应钦为代表的亲日派竭力策动"讨伐"，轰炸西安，企图取代蒋介石的统治地位；而亲英美派的蒋介石亲属宋美龄、孔祥熙、宋子文等则不顾何应钦的反对，为和平解决西安事变，营救蒋介石而积极努力。

中共中央在对国际国内的政治形势进行正确分析之后，确定了和平解决西安事变的基本方针，主张用和平方式解决西安事变，反对新的内战；同时中共中央还主张用一切方式联合南京的左派，争取中派，反对亲日派，以推动南京政府走向抗日。南京方面在弄清张学良、杨虎城和共产党并不想加害蒋介石，而希望和平解决此次事变的态度后，于22日派宋子文、宋美龄到西安谈判。周恩来作为中共中央全权代表参加了谈判。他遵照中央的有关指示，在与张学良、杨虎城共同商讨并进行同南京方面的谈判中，做了大量卓有成效的工作。经过两天的商谈，宋美龄等人做出"停止剿共"、"三个月后抗日发动"等项承诺。12月24日晚，周恩来会见蒋介石，当面向蒋介石说明中国共产党抗日救国的政策。蒋介石表示同意谈判议定的六项条件，允诺"只要我存在一日，中国决不再发生反共内战"。1936年12月25日下午，张学良决定释放蒋介石，并亲自陪同蒋介石乘飞机离开西安回南京。一到南京，蒋介石立刻扣留张学良。消息传出后，西安出现动荡不安的局势，东北军中坚决主张联共抗日的王以哲军长被东北军中一部分过激分子杀害，内战危险重新出现。周恩来在极端艰难的情况下，做了大量工作，巩固了红军和东北军、十七路军的团结，基本上保持了和平解决西安事变的伟大成果。1937年4月2日，周恩来由西安返回延安，毛泽东等到机场迎接。

西安事变和平解决之后，内战在事实上大体停止下来了，国共关系得到迅速发展，从而开始了国内和平的新时期。西安事变的和平解决对国共两党的再次合作，团结抗日起了重大的推动作用，为抗日民族统一战线的建立准备了必要的前提，成为由国内战争走向抗日民族战争的转折点。

历史在古老的西安再次转身。

十三、解放西安

1949年5月20日凌晨，人民解放军在第一野战军在司令员彭德怀的率领下，解放了西安。

1949年年初，辽沈、淮海、平津三大战役的结束和胜利，奠定了全国胜利的基础。在西北战场，第一野战军根据毛泽东的指示，于2月中旬发动了春季战役，迫使胡宗南集团收缩兵力，后撤到泾河、渭河一带。4月21日，毛泽东主席、朱德总司令发布了向全国进军的命令，要求解放军全体指战员奋勇前进，坚决、彻底、干净、全部歼灭一切敢于抵抗的国民党反动派，解放全中国。25 日，中央军委决定华北十八、十九兵团入陕，编入第一野战军，解放西安，解放大西北。

5 月 13 日凌晨，第一野战军第二军进军临潼、高陵。第一野战军第一、二军向西截击，第六军挺进西安，第三军为预备队。

为解放西安，接管西安，除人民解放军外，中共中央西北局、西安地下党组织都做了充分的准备，组织率领全市党员同敌人进行着艰苦的斗争，为部队搜集转送情报，组织工人群众保护工厂、机关学校。

5 月 19 日下午，第六军各师到达渭河北岸。20 日拂晓，在密集的炮火掩护下，第六军全线抢渡渭河成功，下午 2 时，第六军完全控制了西安。国民党在西安的统治从此宣告结束。

5 月 21 日，人民解放军指战员在西安举行了入城仪式。浩浩荡荡的入城大军，军容整齐、威武雄壮。

5 月 23 日，中国人民解放军西安警备司令部成立，张经武任司令员。5 月 24 日，以贺龙为主任的西安市军事管制委员会成立并开始全面接管西安。5 月 25 日，西安市人民政府宣告成立，贾拓夫任市长，方仲如任第一副市长，张锋伯任第二副市长。26 日，中共西安市委成立，贾拓夫任书记、赵伯平任副书记。

从此，西安的历史翻开了崭新的一页。

风 韵 西 安

FENGYUNXIAN

第三章

领略魅力：气度恢弘

任何一种文化都有自己的历史起源和发展过程，都是在一定的时间和空间范围内孕育形成，并且通过历史记忆加以传承。

西安，位于中国大陆腹地黄河流域中部的关中盆地，南依秦岭山脉，北有黄河的最大支流渭河，巍峨峻峭的秦岭山地与坦荡舒展的渭河平原共同构成了其独特的地理地貌。西安得天独厚的地理环境使该地不仅成为中华文明的发源地之一，更在长期的历史进程中形成了博雅大气的文化，曾以主流文化的姿态渗透到了中国乃至世界文化的各个方面，在数千年延绵不辍的发展史中沉淀了独具特色的文化精神。

第一节　长安文化的形成与发展

长安位于中国古代地理要冲，既有益于直接吸收外来文化，也有利于输出自身文化。这里曾是古代中国大规模移民最集中的地区之一，多民族杂居使得该地具有极为博大的兼收性和包容性。汉唐文化不仅能兼容并蓄地接纳各地区各民族的先进文化，同时也慷慨地向外输出自己独特的文化和优秀的人才，以其开明的姿态向世界展示一个开放的长安。丝绸之路的开通不仅是人类文明史第一次跨欧、亚的大尺度文化交流，也充分说明长安多民族、多地区相融合的特征。

长安文化，顾名思义，是以周秦汉唐故都，即周丰镐、秦咸阳与汉、唐长安城所在地，也即以今西安市区为中心，涉及周围一定区域范围之历史文化的总称。作为中华传统文化主体之一的长安文化，如同中华传统文化一样源远流长，有着悠久的形成与发展历程，且延续至今。纵观其形成与发展的历程，可分为下述五个时期。

一、长安文化的孕育期

此时期经历了距今80万至75万年的旧石器时代早期蓝田猿人时期；经历了距今七八千年的新石器时代早期老官台文化时期；经历了距今7千至5千年的新石器时代中期半坡与姜寨等仰韶文化时期；经历了距今四五千年新石器时代晚期陕西龙山文化时期，一直到距今三四千年的夏商时期。在这一漫长的历史时期，关中地区的先民通过自己的生产、生活与艺术活动孕育了长安文化。

二、长安文化的萌生期

此萌生期经历了先后建都于周原岐邑与丰镐的西周时期，经历了春秋战国时期至秦王朝时期。在这一历时八百多年的时期里，周人创建了以礼乐为重心的周文化；秦王朝创建了以制度建设为重心的秦文化。他们的文化活动萌生了长安文化。

三、长安文化的形成期

长安文化的形成期为西汉时期。西汉初期，为稳定社会，恢复经济，推行黄老之术。到汉武帝时，经济繁荣、国力强盛，击败北方强敌匈奴，又开通丝绸之路，促进了与相邻诸国的经济、文化交流，同时在思想文化上"罢黜百家，独尊儒术"。这一背景与诸多政治、经济举措共同促成了长安文化的形成，使当时之长安文化既吸收了前代周、秦文化相关内容，又具有西汉时期禀赋的主要特色，在西汉的政治、经济、文化、学术等领域均起着主导作用。

四、长安文化的繁盛期

长安文化的繁盛期为唐代。此一时期的特点是：（1）社会经济空前繁荣，国力鼎盛，声威远播；（2）国内多民族军事上的交锋，政治上的博弈，造成文化上的融汇；（3）印度佛教自西土传入，佛教、道教、伊斯兰教等多种宗教并行发展；（4）唐代前中期一批名君贤臣实施开放、开明的内外政策；（5）独尊儒术，使儒学有了新的发展；（6）民间、士人与宫廷之文化艺术活动多姿多彩，十分活跃；（7）产生了一大批文化艺术类精品；（8）长安城作为国都，汇聚了国内外的各界文化精英，等等。这些原因使长安文化作为唐代文化的代表，进入繁盛灿烂的时期。

五、长安文化的后续发展期

这一时期是自唐末到现在。唐朝以后，长安再未成为一朝或一国之都，名称先后于北宋时改为京兆府城，元代时改为安西路与奉元路，明清时改为西安府。自唐代中期以后，随着长江中下游与江南地区经济的发展，关中地区也不再是国内经济最发达地区，其文化在国内外的影响力不断减弱。这一时期，长安文化继续拥有唐代繁盛期打造、积累的成分与要素，而且在不同的阶段还有所发展与创新，使长安文化之内涵更趋丰富。

第二节　长安文化的主要特色

世世代代在西安这片广袤肥沃的土地上生活的人类，从不断与自然抗衡斗争到逐步掌握自然规律利用自然条件的漫长发展进程中，渐渐形成了其独有的文化特征。

一、开拓创新的精神

长安文化的显著特点就是它的开放性。

周、秦、汉、唐各朝均以开放的气度，积极学习吸收先进地区的文明成就，艰苦创业而后来居上。秦人积极发展商贸活动，使中国的丝绸、瓷器及手工技艺不断地传入中亚及地中海沿岸，"China"就是西方人对中国瓷器（也是对秦商人）的称呼，这是对中华文明成就的高度赞誉。经济开放政策为秦朝的发展创造了良好的外部环境。特别是汉以后，一系列开放政策的实施，促进了文化交流，推动了经济社会的良性发展。刘邦的有谋略、随机应变以及楚人的自由精神，因楚汉相争被注入了秦文化。汉王朝开辟了丝绸之路对外贸易，对外来文化采取了吸收、改造的态度，域外宗教的传入，葡萄等西域产品的种植，大蒜从中亚的引进，等等，由此形成了中国古代经济、文化交流的第一个高潮。而作为具有世界意义的大帝国都城，唐朝时的西安在民族融合与开放的程度上更甚。来自西北方的扑朔迷离的"胡风"（包括边疆少数民族、中西亚甚至西方文化因素）在长安劲吹，就是这种开放与创新精神的体现。与此同时，长安也向世界传播着有益的文化。如造纸术由唐人俘虏带入阿拉伯；唐玄奘西行印度，鉴真东渡日本等促进了各地宗教交流。唐朝统治者大度、宽容的胸怀，"胡汉一家"的开明民族观和开放性国策，促进了中外文化的融合，也促进了唐代经济社会的繁荣发展。长安文化的这种开放性与开拓创新精神，至今仍极具生命力，它是我们建设西安、促进地区经济与社会发展的良好人文环境和珍贵人文资源。

二、专制与民主并存的理念

上古时期，有"禅让"之说，氏族公社成员敢于发表与王者相左的意见，以制约君权。故开明君主都善于"纳谏"，如"尧有欲谏之鼓，舜有诽谤之木"；西周继承了原始民主制的遗风，其体制特色是在天子之外，另设制约监督君权的最高执政（辅贰制），实行君主与众卿共商国事的朝议制及朝中疑事"谋及国人"的国人参政制。秦自穆公始发愤图强，招纳人才、礼贤下士，破除世卿世袭之陋习，其政治体制充满了活力，如任用商鞅实行变法，重耕战，改变井田制；引进范雎、吕不韦等人才，统一了六国；汉唐都重视改革，如汉革秦之严刑酷法，开辟丝绸之路，尤其是汉武帝，敢用青年人，因此能在"内兴外攘"的大业中，涌现出大批的栋梁之材；唐革除隋的沉重徭役，尤其是唐太宗善于纳谏，武则天大量提拔庶人，从而迎来了盛唐之音。虽然开明专制与现代民主政治有着本质的区别，但在当时却极大地约束了独裁专制的君权，体现了比较朴素的民主精神。上述可见古代西安文化恢弘的气势奠定了中国传统文化的基础。尊重历史，面对现实，敢于开拓，形成了开放、民主、和谐的人文环境，培育出一种开拓创新的人文精神，从而为社会经济发展酿造出高效能的精神动力，使西安地区发展史上出现了辉煌的时期。

三、霸气的皇城文化气质

长安文化有霸气的皇城气质。

"秦中自古帝王州"，一方面，长安地处关陇，是一种独具特色的地域文化；另一方面，长安文化是一种具有包容性和开放性的都城文化，充分反映出不同地域之间的文化交融。都城文化往往是一个时代的缩影，是王朝文化的窗口。长时期的政治中心与文化中心的地位，使长安文化汇通天下，兼容并包。从时间维度考察，长安文化的鼎盛期在唐代，唐代是13朝古都的最后一朝，也是最为鼎盛的一朝，在长安都城文化中，最具代表性。长安作为公元8世纪世界上最为辉煌壮丽的都市之一，是全国的政治和文化中心。长安文化既表现为雍容华丽的帝都文化，又涵盖了隐逸文化与边塞文化的某些侧面。

四、繁荣大气的盛世文化

长安文化是繁荣大气的盛世文化。

在文化精神层面，长安文化是一种中国历史鼎盛时期的盛世文化，具有向心力和辐射性，显得超然大气。中国历史上的强盛王朝多定都长安，尤其汉唐雄风，于此风起云涌，成为盛世的标志。盛世文化是长安文化的精神内核，长安文化浓缩着中华民族的盛世记忆。长安文化作为盛世文化的主要特点表现为开放性和外扩性。长安城是一个开放型的国际大都会，人口最多时达到100万人，可谓当时世界上最大的一座城市。唐代的长安不仅是全国的政治、经济、文化的中心，也是世界文明的中心。东罗马从贞观到开元年间五次派使者到长安；波斯仅在开元、天宝年间就十多次派使者前来；日本派出的遣唐使共有十九次之多，每次前来的人数多时达到五百人左右，其中有些人在长安居住的时间长达二三十年；新罗派来的使节比日本更多。唐都长安不仅是大唐帝国的政治、经济、文化中心，更因其繁荣昌盛成为当时周边各国向往的中心。以长安为起点的丝绸之路，则进一步使长安城的繁盛具有了国际意义。长安城以它开放的英姿迎接世界各地的客人，以包罗万象的惊人气魄吸纳着世界各地优秀文化的丰厚营养。同时，又把唐代文明和长安文化远播四方。所有这一切，都为大唐的繁荣和鼎盛注入了勃勃生机。

五、崇尚道德的追求

长安文化是崇尚道德的楷模。

中华民族重人伦道德，号称"礼仪之邦"，而重德观念的源头也在古代的长安。周公提出"以德配天""敬德保民"思想，突破了殷人的上帝、天命宗教观念，开始形成了重视道德的意识（儒家鼻祖孔子，虽为鲁国人，但他以"吾从周""梦周公"为理想追求，把周人的重德传统、礼乐文化发展为"博施济众"的仁爱精神，并以此作为儒家思想的精髓）。西周的"成康盛世"和西汉、大唐的几个"盛世"，社会道德风尚也都优于其他时期。例如，史赞"贞观之治"时，"东至于海，南及五岭，皆外户不闭，行旅不赍粮，取拾于道路"。贞观四年"终岁断死刑二十九人"。

六、群体凝聚和大一统意识

长安文化是群聚和大一统的文化观。

周秦汉唐都是统一的时代，华夏民族兴起于中原，经过长期交往融合至秦汉形成统一的多民族国家，汉以后，华夏族称为汉族。周秦汉唐对中华民族整体的形成起了决定性的作用，特别是汉唐中央大一统的政治结构，使长安成为全国政治、文化、意识的趋同中心和凝聚核心。西周和汉唐的几个"盛世"时期，由于经济比较繁荣，政治比较清明，社会比较安定，所以民众的向心力、凝聚力都明显强于其他时期。中华民族的重群体、重统一、重集体的价值观念和民族情感，基本上是在以长安为首都的盛世历史时代培育而成的。

七、多元文化包容的情怀

长安文化是兼收并蓄的多元文化。

秦汉唐三个朝代都有开放的气度，都比较重视民族之间、国家之间的文化交流。秦国广招天下英才，任用客卿，以成统一大业。西汉张骞出使西域，开国际交流之路。丝绸之路在汉代已初具规模。唐代兴盛时期，长安聚焦了大量的国外客商和留学生，日本僧人阿倍仲麻吕，埋骨盛唐；唐高僧玄奘，长途跋涉，赴印度取经；鉴真和尚，浮桴东海，去日本讲学。他们都是中外文化交流的使者。

秦、汉、唐时期的开放和兼容政策，既促使了国内儒、释、道的思想融合，汉族与兄弟民族的文化融合，也推动了中外文化的交汇，对中国文化的丰富和发展产生了极其深远的积极影响。周秦汉唐创造的文化成果，形式多样，内涵丰富，气势宏伟，风格凝重，表现了一种沉雄博大的精神特质。在浑厚雄伟的黄土高原和辽阔富饶的秦川大地这种自然环境中，在周武、秦皇、汉武、唐宗时代的历史功业中，在西周青铜器、秦代长城、兵马俑、汉代石刻、盛唐诗文以及宫殿陵墓建筑中，都充满着阳刚之美。后人说的"强秦威势""大汉雄风""盛唐气象"，就是对这种沉雄博大精神的称颂。

八、乐观的人生态度

长安文化是乐观的精神风貌。

盛世时代，由于君臣励精图治，社会秩序比较安定，政治环境比较宽松，百姓安居乐业，所以民众的人生态度比较乐观，处世态度比较积极。社会上洋溢着一种昂扬向上、积极进取的精神，臣民们有较强的建功立业意识。文学史家把盛唐诗歌比喻为"青春的歌唱"，就是对盛世时代乐观进取精神的赞赏。

九、偏安一隅的心态

毋庸讳言，后期的长安文化也有封闭保守的一面。

作为十三朝古都的西安，中国上下五千年的文明史有一半发生在这里。但是，不可否认的是，这种以农耕文化为主导，以小农为主体，在自然经济环境下创造的长安文化，具有农民思维的保守性，其偏安一隅的心态根深蒂固。自唐以降，特别是明清以后，随着科技的进步、航海技术的发展、海洋文明的逐渐形成，加之经济中心东移，大都的地位失去，辉煌衰落，农业经济渐渐落后于商品经济，封建文化意识积淀太厚，儒家观念影响太深，使长安文化渗入了封闭保守、盲目自信和偏安一隅的色彩。以客观审视的眼光来看，后期的长安文化存在着不重商贸的小农意识、不敢创新的保守思维、不求开放的封闭观念和不尚竞争的中庸思想。

第三节　汉唐时期长安文化对世界的影响

西安曾经是历史上享有盛誉的国际性城市，是中华民族得以向世界展示其伟大创造力和灿烂文明的大都市，也是华夏文化得以和西方文化实现交流，达到相互影响、相互融合的平台。西汉开通西域，形成一条贯穿中亚内地，进而连接欧洲及北非的交通干线，即丝绸之路，为中西文化的交流拉开了序幕。张骞两次出使西域，开辟了中外交流的新纪元。从此，各国使者、商人沿着张骞开通的道路，来往络绎不绝。这条东西通路，将中原、西域与阿拉伯、波斯湾紧密联系在一起，成为亚洲和欧洲、非洲各国经济文化交流的友谊之路。唐长安城既是全国政治、文化中心，又是东西方交通的枢纽，是当时亚洲最繁华的都市。

一个民族的强盛，其根基是经济基础。唐代强大的经济基础，造就了强盛的唐代文化。一种文化的生成和发展，必然有自己民族的特长，也必然对世界文化做出贡献。各民族的文化相互接触，各取所长，各补所短，相互影响，共同发展。唐文化是当时世界上较强的文化，各国吸取其精华，同时，唐文化也在汲取其他民族的精华，从而更加丰富和壮大了自身。唐代的长安是唐文化的中心地点，发挥着巨大的示范力和影响力。

一、长安与各国的交往

唐代长安是气象宏伟、规模庞大的大都城，对世界各国有强烈吸引力，自然成为文化交流的中心。中亚、西亚、北非诸国商人、使臣等都纷纷前来长安，其中许多外国人都留在了长安，学习中国文化，回国后传播中国文化。长安城内外国使者之多，为前代所未有。

（一）与日本的交流

唐代与日本的交流非常多。日本曾经多次派遣遣唐使到长安学习唐代文化，并带回日本，对日本文化后来的发展产生了极其深远的影响。日本的遣唐使与一般单纯政治或经济目的的遣使不同，他们到长安来是有意识地、有目的地学习和汲取中国文化。遣唐使官通常在日本国内选择比较优秀的人才，包括医生、阴阳先生、画家、音乐家、僧侣、国学生等。一次来长安的遣唐使，可以多到几百人。其后，日本的各种典章制度、天文历法、书法艺术、建筑技术、生活习俗（衣服、茶道）、钱币铸造、文字等都受到了唐文化的影响，很多保留至今。

日本当时来中国最著名的人物是阿倍仲麻吕。他在长安期间，与当时的许多文人建立了非常友好的关系。天宝年间归国时，王维、赵骅、包佶都有诗送行。当时曾讹传他的死讯，李白作诗哭悼说："日本晁卿辞帝都，征帆一片绕蓬壶。明月不归沈碧海，白云愁色满苍梧。"大历五年（770 年）他卒于长安。1979 年，为纪念他来长安 1 200 年，在西安市兴庆宫公园内修建了一座仿唐柱式的阿倍仲麻吕纪念碑。他在长安生活和工作的经历，在中日文化史上是一个值得珍视的纪录。

（二）与亚非诸国的交流

高丽、新罗、百济三国，唐初就有使臣来长安。新罗统一朝鲜半岛后，派遣来唐的使者始终不断。西南的吐蕃、南诏，西北的回鹘、高昌，东北的契丹，也多有使者来长安。亚洲、非洲诸国，也都不断有使臣来往。

（三）与西方各国的交流

西方各国也派遣使者来长安。唐初，康国献金桃银桃，在长安种植。康国、史国还献纳本国的舞女。大食国上贡马匹等物品。他们的使者不愿意跪拜，唐太宗也很包容，允许其不跪拜觐见。开元天宝间，波斯国前后多次派遣使者到长安，带来许多物品，成为沟通中国与东罗马（拜占庭）商业来往的桥梁。

唐朝曾经广泛吸收各国人员充当官员。如契丹、回鹘、吐蕃等族，都有在长安供职的官员。大食、波斯、突厥、安国、康国、天竺、高丽、新罗、百济、日本各国人，也有不少在长安担任官职。比如，李彦升就是大食人，曾经及第进士。再如，百济的黑齿常之、高丽的泉男生兄弟、王思礼、高仙芝，新罗的张保举，都是当时著名的武将。依照唐制度，新罗士子还可以参加科举考试，参加科考的就有金可纪、金云卿、崔匡裕、崔彦、崔致远等人。

二、宗教的传播与交流

唐代长安城，各种宗教广泛传播，其中影响最大的是佛教。佛教自天竺传入中国，为了适应中国社会的需要，在原来的基础上，逐渐增加了中国色彩和中国元素，演变成中国化的佛教。中国佛教各宗派又同中国文化一起，向域外流传，对世界文化产生了重大影响。

（一）佛教的传播

佛教是天竺传来的宗教。佛教的流传必须依靠经典的翻译。中国佛经翻译早在东汉时已开始，唐代进入了一个繁盛的新时期。由于唐朝廷的提倡，前代僧侣的私译转变为朝廷敕设译场的公业。宋《高僧传》记唐译场制度，职司多至九职：一译主，二笔受，三度语（译语），四证梵本，五润文，六证义，七梵呗（开译时宣呗），八校勘，九监护大使（钦命大臣监阅）。其中如润文、证义又例由多人分担。这样，每译一经，合众人才智，经几度勘修。译事确是更为完善了。西域南海僧人陆续来长安求法，参与译事，共证梵言，也大有助于译文准确性的提高。

此外，唐代译经还有一个重要的新特点，即玄奘以来历代僧人西行求法，自天竺、于阗等处，带回大量的梵经原本（玄奘带回的多至 657 部），西域南海僧也往往搜罗梵典，携来长安，借以提高自己的声名。隋以前译经多凭来中国的天竺僧口授，辗转相传，每失原旨。唐代有条件取证原本，披析文义，旧译本无法与之比高低了，所谓"唐朝后译，不屑古人"（《续高僧传》语）。自玄奘经义净至金刚智、不空，主译名僧前后数十人，或译出中国前此未有的新经典，或舍旧译本，重出新译文，使唐代译经事业达到超越前代的新境地。

唐代寺院藏经，以庐山东林寺与长安西明寺为最富。西明寺经藏，不知其卷数，但不会比东林寺过少。唐代中国有如此丰富的译经又聚集有如此丰富的藏经，通过日本僧人来唐，大量的佛典从中国流入日本。

玄奘回国后，在长安翻译经书，佛学极盛，吸引了大批外国僧侣，主要是天竺和日本的僧侣，其中比较著名的是天竺的波颇（光智）。他在长安的大兴善寺翻译《大庄严论》等佛典。日本每次派遣唐使，都有僧侣。有时一住往往长达二十余年，甚至四十年。其中影响较大者，有唐高宗时的智通、智达。他们随遣唐使来长安，跟从玄奘学法相，归国后为日本法相宗创始人。道慈于武则天时来长安学三论、法相，后为日本三论宗创始人。

日本的荣叡、普照在开元时随遣唐使来中国，邀请扬州龙兴寺僧鉴真去日本。鉴真东渡后，日本天皇诏曰："自今以后，授戒传律，一任和尚。"鉴真在唐招提寺传戒，律宗遂得正式建成。鉴真东渡对中日文化交流做出了重大贡献。

日本僧人空海在唐宪宗时来长安，在长安青龙寺师从惠果和尚学密宗。归国时带回大批中国新译经和梵字经疏。日本密宗自空海始大显扬。

圆仁随遣唐使到长安后，从元政、义真学密宗，又从在长安的南天竺僧宝月习悉昙（梵文）。归国时带回经典八百余部及佛像多种，成为日本天台宗第五代座主。

（二）其他宗教的传播与交流

唐代，还自中亚和西亚传来了多种新宗教。

1. 祆教

相传早在公元前 6 世纪，伊兰西部人琐罗亚斯德创祆教。波斯萨珊王朝（226—641年），奉为国教。其教创善恶二元论，以火为善神的代表，俗称"拜火教"。传入中国后又称"火祆教"。唐时西域各族人相继来到长安，祆教随之在长安日益流行。唐朝政府中有萨宝府，即专司祆教的组织。唐高祖武德时，在长安布政坊西南隅建胡祆祠。太宗贞观时，在崇化坊立祆寺。祆教在长安，确曾一度达到极盛的境地。后唐武宗反佛，祆教同时被毁，祆僧被勒令归俗，从此一蹶不能再起。

2. 摩尼教

公元 3 世纪中，波斯人摩尼创摩尼教，立明暗二元论，声称摩尼为明之代表。拂多诞是传摩尼教入长安的第一人。大历三年（768 年），唐朝准许回鹘在长安建摩尼教寺。摩尼教凭借回鹘的政治力量，在长安有颇大的影响，并且和西域商人结合到一起。回鹘破亡后，摩尼教归于衰落。

3. 景教

唐太宗贞观九年，波斯景教僧阿罗本来长安。贞观十二年，唐太宗下诏准其传教，在长安义宁坊建寺一所，度僧 21 人。高宗时准于诸州各置景寺。景教寺院原称波斯寺，天宝时改称大秦寺。肃宗、代宗时，景教仍然得到唐朝皇帝的支持。武宗灭佛时，景教随同遭到毁灭性的一击。唐末至两宋，景教不再见于中国。

三、寺院建筑对日本的影响

唐代中国的寺院建筑，也对日本发生了明显的影响。来长安留学的道慈，目睹西明寺之工巧，在长安描绘寺图归国。道慈在平城京受命建大安寺，"所有匠手，莫不叹服"。大安寺之建制即全依西明寺的规模。唐中宗神龙元年（705 年）令天下诸州各置寺观一所，名中兴寺，后改龙兴寺。玄宗开元二十六年（738 年），又敕天下州郡各建一大寺，曰开元寺。日本天平十三年（741 年），诏每国置僧尼两寺，僧寺名金光明四天王护国寺，尼寺名法华灭罪寺。日本学者认为，此种全国设寺，即所谓国分寺的建制，即模仿唐朝的龙兴寺或开元寺。鉴真去日本建唐招提寺，规模依唐制，成为日本最为宏伟壮丽的寺院建筑，尤为佛徒所重视。

四、语言文字与学术对他国的影响

中外交往的加强，促进了语言文字的研究和发展。唐代出现了若干梵汉字书。如《悉昙字记》《梵文千字文》（一名《梵唐千字文》）等。

唐代通过对梵语的比较研究，在汉语音韵学上有了进一步的应用。唐末僧人守温在《切韵》的基础上，归纳反切，制定汉语三十字母（声母），后经宋人增益（《广韵》增六母），构成三十六母的完整体系。汉语音韵学的基础实际是从唐代长安时期就奠定了。守温并不是专门的语言学家，但是他善于运用梵语字母的拼音原理剖析汉语，所以能做出这样的成绩。

由于交流的增多，汉语文字伴随着唐文化的传播也影响了其他国家。日本在奈良元正朝（唐玄宗时以前），一般只通用汉文。吉备真备随遣唐使来长安，居住了 17 年，学习汉语言文字。归国后，他取汉字偏旁，制成片假名，这是日本文字的开始。平安朝空海自长安回国后，仿照汉字草书，制平假名。片假名和平假名一直通用到现在，对日本文化的发展有重大作用。

唐代学术对日本的影响最为深远。日本元明天皇时，按照长安规制建奈良平城京，仿唐制度设大学寮。大学寮设明经科，以孔颖达《五经正义》为教授课本。遣唐留学生学成归国后，担任经史的教师。如吉备真备自长安回国后即"亲自传授"，令学生四百人习五经、三史、明法、算术、音韵、籀篆六道。与他同时代的膳大丘，在长安国子监学经史，回国后为大学助教及博士，传授儒学。伊豫部家守在光仁朝随遣唐使来长安，习经学及《切韵》《说文》《字林》，返日本后，在大学讲授《春秋左氏》《公羊》《谷梁》三传。

五、文学对他国的影响

唐代文学，特别是诗歌创造了灿烂辉煌的高峰。来长安的各国使者往往搜罗诗歌名著，奉若至宝，带回本国。

白居易的诗远播到日本、新罗等国。贾岛《哭孟郊诗》云："冢近登山道，诗随过海船。"唐代的散文也驰名国外，外国使者来长安，经常派人抄录。如日本僧圆仁在《入唐新求圣教目录》中，录有在长安求得《杜员外集》二卷、《李张集》一卷、《庄翱集》一卷、《仆郡集》一卷，另有《两京新记》三卷、《诗赠格》一卷。

日本来长安的留学生，对汉诗散文都有一定水平的修养。其中最为卓越的，并能与长安诗人唱和的，当属阿倍仲麻吕。他曾与王维、李白等诗人相交友善，诗词唱和。此外，橘逸势、僧人空海也是撰述汉诗散文的高手，此二人与平安朝之嵯峨天皇号称日本能诗文的"三笔"。在当时的日本国内，从皇族到一般文人，纷纷模仿唐诗，以此为荣。日本天平胜宝三年（唐天宝十年，751年）编成《怀风藻》，收日本作者64人的汉诗120篇，是日本第一部汉诗集。后编成《凌云集》《文华秀丽集》《经国集》三部汉诗集。《怀风藻》载河岛皇子五言《山斋》诗："尘外年光满，林间物候明。风月澄游席，松桂期交情。"可以看出其汉诗水平之高。空海自长安回国后，著《文镜秘府论》六卷，依沈约"四声八病"说及唐人诗说，对唐诗的平仄对偶做精细的研究。此后，近体律诗始在日本流行。《经国集》收有平安朝嵯峨天皇拟张志和《渔父词》五首，题为《杂言渔歌》。其一云："寒江春晓片云晴，两岸花飞夜更明。鲈鱼脍，莼菜羹，餐罢酣歌带月行。"这些日本人写的汉诗如果与唐人诗相比，就其意境和技巧来说，也并不逊色。

日本奈良、平安两朝，流行的汉文主要是受了《文选》体的影响。应用假名写作的"和文"兴起后，白居易的诗文影响较大，成为模仿的对象。醍醐天皇题菅原道真所献家集诗，"更有菅家胜白样，从兹抛却匣尘深"，自注说："平生所爱，《白氏文集》七十五卷是也。"

六、音乐、舞蹈等艺术对他国的影响

（一）与各国在艺术方面的交流

当时长安城，还有大批的外国乐舞人、画师、杂技艺人，传播着各自的民族艺术。白居易《琵琶行》称长安歌女曾学琵琶于穆、曹二善才。曹氏一家当是长安弹琵琶的泰斗。歌者米嘉荣是西域米国人，曾为唐朝廷供奉，是歌曲名家。刘禹锡曾有诗相赠："唱得凉州意外声，旧人唯数米嘉荣。"开元间，史国、石国的乐舞人也有不少旅居长安。域外音乐传入中国，与汉民族的传统音乐互相融合，成为唐朝的音乐，其中燕乐和清乐还流传到日本，又经一番融合，成为日本所说的"雅乐"。

（二）与各国在商业方面的交流

长安城中还居住着大批的西域商人。其中多半是大食、波斯人。他们先自南海到广州、由广州经洪州（江西南昌）、扬州、洛阳而到达长安，总数达数千，组成一个极富有的集团。《太平广记》引温庭筠一个故事：长安的西域商人米亮曾劝说窦义买宅。米亮告诉窦义："我劝你买下这宅子，是因为看到宅中有块奇石，是真正的于阗宝石。"窦义找玉工来看，果然是奇货，可制作三十副玉銙（音 kuǎ），每副值三千贯钱。西域商人多经营珍宝致富，同时也有进行高利贷剥削的。当时，长安城内有人向西域商人借贷，后商人索要不果，就向官府告讼。唐穆宗时，朝廷还不得不下诏，禁止"与蕃客钱物交关"。近年，西安近郊唐墓出土了许多波斯银币，就是明证。长安西市有波斯邸，又多"胡店"。商人在东西方往来货殖，同时也往来传播着文化的种子。

唐代长安聚集着各行各业的各国人。他们带来了异域文化，使长安人开了眼界。对到达长安的外国人来说，唐文化也启迪了他们的心智，将其带回国后，对他们国家的文化发展也多有益处。

七、历算与医学的相互交流与影响

唐代，天竺历数家瞿昙罗、迦叶波、鸠摩罗三家来长安，参与了对唐代历法的改进。瞿昙悉述著《开元占经》，并将天竺《九执历》介绍到中国。"九执"，唐人习称"九曜"，即七曜（日、月、水、金、火、木、土）及假想的星座罗喉和计都。开元十六年（728 年），唐朝颁布僧一行的《大衍历》。《大衍历》确立后，随即传播到日本。淳仁天皇天平宝字七年（763 年）即废除旧用的《仪凤历》，而采用了《大衍历》。唐高宗时制作的《麟德历》，传于新罗，在新罗行用。

中国的数学成就在唐代传入了新罗。新罗仿唐制立国学，设算学科，"以《缀经》《三开》《九章》《六章》教授之"。《三开》《六章》等中国数学书籍由新罗传入日本。据日本宽平时（889—897 年）所编《日本国见在书目录》，当时传到日本的还有《周髀算经》和《九章算术》。

新罗神文王时，仿唐朝置医学博士，以《本草经》《甲乙经》《素问》《针经》《脉经》《明堂经》《难经》传授学生。

日本遣唐使中有医师随行，来中国学习。如日本名医营原梶成，受命入唐留学，归国后，被命名为"针博士"，后又为"侍医"，对日本医学的发展影响甚巨。

风韵西安

FENG YUN XI AN

西安

第四章

感受人文：淳朴与粗犷之美

西安有着千年的繁华历史，有着璀璨夺目的文化遗存，有着古今传颂的精妙文墨，有着品种繁多的地方美食，更有独具特色的民风民俗。在这片土地上，悠久的文化随处可见。从钟鼓楼开始，古城墙、碑林博物馆、小雁塔、大雁塔、曲江池遗址公园、唐城墙遗址公园……无不彰显着西安丰厚的传统文化底蕴。在兵马俑，可以面对挥刀拔剑的古代勇士；在陕西省历史博物馆，可以体验这座城市历史的沧桑和文化的精美；在回民街，可以吃一碗正宗的羊肉泡馍；在城墙边，可以欣赏淳朴粗犷的大秦腔；在城隍庙，可以观赏那些精美有趣的手工艺品；在大唐芙蓉园，可以欣赏优美的《梦回大唐》歌舞表演；在浪漫旖旎的德福巷，可以啜饮浓香的咖啡……西安这个古老又年轻的城市，无处不散发着浓郁的文化气息。

第一节　唇齿留香品美食——西安的饮食

西安历史的辉煌与厚重，必然影响到其饮食文化。西安的饮食文化开创于周秦，兴盛于盛唐，是中华饮食文化和文明的发祥地之一。因此，西安的饭菜，很多都保有周、秦、汉、唐等王朝的遗风，比如"凉皮"早在秦朝就有；"锅盔"馍则在周代就有，称为"文王锅盔"。

在西安，大菜、小吃、糕点，品种繁多，各式各样。特别是小吃，美不胜收。西安小吃与外地饮食的最大区别是多样性、丰富性和庞杂性。据统计，西安的小吃有两百多种，是中国小吃品种最多的城市之一。2011 年，西安入选"亚洲十大小吃城市"，并且成为中国内地唯一入选的城市。借着历史古都的优势，小吃博采全国各地小吃之精华，兼收各民族珍馐之风味，汇集国内外名饮名食，挖掘继承历代宫廷小吃之技艺，因而以品种繁多、花色奇异、民族特色浓厚、地方风味各异、古色古香古韵而著称。

西安饮食文化还体现在很多饮食的背后都有一个很古老的传说，或者一个美丽、动听的故事。

一、羊肉泡馍

牛羊肉泡馍是西安标志性的美食。其吃法是：用牛羊肉熬成汤，汤中加粉丝，吃时加入馍。这种馍不纯是发面的，但也不是完全的死面。吃是有讲究的，掰馍有掰、撕、掐、揉、搓等多种手法，馍块不能太大，否则不能入味。可以向厨师提口味的要求，如偏重或口轻，等等。吃的时候，不要使劲搅和，否则会变味。吃泡馍应搭配糖蒜、辣酱、香菜。泡馍的特点是料重味重，肉烂汤浓，有暖胃的功能。

相传，唐肃宗至德二年（757 年），唐朝军队与借来的大食军队收复两京，平息了数年的"安史之乱"。唐天子恩准部分大食士兵驻兵长安。大食兵行军打仗时常携带一种叫"饦尔木"的食品，类似今天新疆的"馕"。行军打仗天长日久，"饦尔木"容易变干、变硬，使人难以下咽。于是，他们就拌以羊肉和羊肉汤食用，这就是"泡馍"的雏形。一千多年来，经过西安回民的不断发展和创新，"泡馍"已在色、香、味、形等各方面有了很大改进和提高，成为一道上至达官显贵下至黎民百姓都喜食不厌的绝佳美食。"三千万秦人齐吼秦腔，一碗羊肉泡喜气洋洋"，是对西安人的生动写照。

二、肉夹馍

肉夹馍，是西安人非常喜爱的美食，也是最有可能发展成为与"洋快餐"肯德基、麦当劳相抗衡的中式快餐。外地人首次听说肉夹馍，都认为说法有误，肉怎么能夹馍？这就是与古汉语有关了，肉夹馍，其实是"肉夹于馍"。老百姓无须文绉绉地讲之乎者也，加上陕西人性急、直爽，省去"于"字，喊起来便当。它实际是两种食物的组合：将热腾腾的腊汁猪肉夹于刚出炉的白吉馍中，与汉堡的鸡肉夹在面包中很相像。馍香肉酥，肥而不腻，回味无穷。

腊汁肉夹馍由三十多种调料精心配制而成，选料精细，火功必须到家，要使用陈年老汤，因此腊汁肉口味独特，具有色泽红润、气味芬芳、肉质软糯、糜而不烂、浓郁醇香的特点。肉夹馍有"中式汉堡"的美誉，扬名中外，深受人们喜爱。肉夹馍遍及西安大街小巷。近年来，聪明的西安人在西安市乃至外省市开设了众多的肉夹馍连锁店，学习洋快餐的经营策略，统一配料、统一做法、统一规格、统一标识，再配上米皮儿、蛋花紫菜汤、冰峰汽水等，成为一道快餐，形成了与肯德基、麦当劳抗衡之势。

三、秦镇凉皮

秦镇凉皮儿是西安户县秦镇的一种小吃，分为米皮和面皮两种。主要做法是，将整张的米皮或面皮切成细条，拌上特制的辣椒油、醋和盐，加上黄瓜丝和豆芽，看上去呈红色、吃起来筋、薄、细、软。

相传，秦始皇时，有一年西安大旱，沣河缺水，户县秦镇一带稻子干枯。百姓心急似火，官府还催逼纳贡大米，逼得百姓无法，只好在田里挖井浇地，费了九牛二虎之力，好不容易才长出了稻穗。可收割后，碾出的大米又小又干巴，根本没法向皇帝纳贡。大家正在发愁的时候，有个叫李十二的，用这种米碾成米面，蒸出了米皮，秦始皇吃了米皮，大加赞叹。这就成了西安户县秦镇驰名的小吃。

制作秦镇米皮，要掌握好淘米、蒸制、调味三个环节，其中蒸制、调味最为关键。具体地讲，先将大米淘洗干净，放凉水中浸泡一至两天，捞入石磨中，徐徐加水磨成米浆，加入精盐搅匀，用沸水烫开，再加凉水制成米浆，把干净湿布铺在笼上，摊上米浆（约0.66厘米厚），抹平，上笼用旺火蒸约十分钟即熟，取出晾凉，每张抹上菜油少许摞起。食用时，用近1米长、20厘米宽、重约5千克的专用大铡刀切成细条。吃时按需要量调味，放入用开水焯过的绿豆芽、黄豆芽，配以味精、蒜泥、酱油、精盐，特别是还有香醋和辣椒油。调制好的米皮，白中透红，红里透香，红艳艳，香喷喷，薄而细，筋而柔，软而嫩，爽而凉，非常美味。

如今，西安人将凉皮儿与肉夹馍等食物搭配，形成具有独特地方风格的美味快餐。

四、Biangbiang 面

Biangbiang 面是西安著名的面食。面较宽、较厚，一般配以油泼辣子，嚼起来劲道。Biang 字，字形极为复杂，所有传统字典、包括《康熙字典》不曾收录，而其文字的发音，普通话中没有，Biang 只是接近它的音。弯弯曲曲、巧妙幽默的 biang 字，概括了 biangbiang 面的产地特性、食者感受、制作工艺要领、原料、调料、做面人的辛勤操作，还有秦人的性格气质，等等。

传说，一位怀才不遇、贫困潦倒的秀才来到长安，路过一家面馆时，听见里面"biang——biang——"之声不绝。要一碗后，发现没钱付账。店家让他写出"biangbiang"二字来抵账。秀才情急之下，一面写一面歌道："一点飞上天，黄河两边弯；八字大张口，言字往里走，左一扭，右一扭；西一长，东一长，中间加个马大王；心字底，月字旁，留个勾搭挂麻糖；推了车车走咸阳。"一个字，写尽了山川地理，世态炎凉。秀才写罢掷笔，满堂喝彩。从此，"biangbiang 面"名震关中。

做 biangbiang 面，窍门在于面要软，和好后，加盖饧面，至少饧一个小时。分一块面出来，擀成厚约一厘米的长面片，再切成约一指半宽的面条。接下来是扯面，一只手轻扯面条的一端，另一只手拿擀面杖擀，从面条的另一头擀起，一定要顺着面片的方向擀，直至擀到手扯的这一端；烧水，水开后，煮面条。下锅之前再用手轻轻扯扯面条，以保证面条变得更薄。在煮面的过程中，开始调汁。香菜和葱切成碎，放入碗中；依次放入盐、味精、酱油、香醋、香油、麻辣油、油泼辣子，调成汁。面煮开后放入菠菜，只需焯一下，就可以关火捞面。把调好的汁浇入面条中，拌匀，即可。

五、葫芦头泡馍

葫芦头是西安名吃，是用猪大肠配以汤料加入馍做成的，有点像牛羊肉泡馍。其特点是：馍块洁白晶亮、软绵滑韧，肉嫩汤鲜，肥而不腻，醇香扑鼻。吃时配以泡菜，更是爽口。葫芦头老幼皆宜，即是佳肴，又是上乘补品。

相传在唐代，京城长安有一种名叫"煎白肠"的食品出售，食者寥寥无几。祖籍京兆华原（今陕西省铜川市耀州区）的唐代名医孙思邈在京都长安一家专卖猪杂碎的小店里偶吃"煎白肠"，端起碗刚吃几口，便觉得有一股骚腥味直冲鼻端，嘴里油腻腻的，很不是滋味。孙思邈将西大香、上元桂、汉阴椒等芳香健胃且能解腥去腻之药物，连同药葫芦一起赠给店主。店主将这些香料药物放入锅中，果然香气四溢，其味大增。这家小店从此生意兴隆，门庭若市。店家不忘医圣指点之恩，将药葫芦悬挂门首，并将所卖"煎白肠"改名为"葫芦头"。

六、饺子宴

西安饺子宴是将众多的各种形状、各种馅料的饺子集于一席，故称之为"宴"。其用料多样，味道各异，造型美观。饺子宴分为宫廷宴、八珍宴、龙凤宴、牡丹宴、百花宴等五个档次。每宴由108种不同馅料、形状和风味的饺子组成。宫廷宴主要是以燕丝、熊掌、甲鱼等为主料的饺子；八珍宴主要是以八珍为主料的饺子；龙凤宴和牡丹宴，则是以猴头、鱿鱼、海参等为主料的饺子；百花宴稍差，为普通型，除部分海味外，多数是肉馅和素馅。其上桌程序亦颇有讲究。从烹制方法上讲，先上炸、煎类饺子，后上蒸、煮类饺子；从口味上讲，先咸，次甜，后麻、辣。咸味饺子中，先海鲜，次鸡肉，后清素。约十余道饺子以后，上一道"银耳汤"漱口清喉，调节一下口味，继续上其他饺子，层次分明，使人回味无穷。

相传，唐玄宗的贵妃杨玉环，有一天想吃一种带馅的食品，而且要蒸的。聪明的厨师知道她爱吃鸡翅肉，就用鸡翅肉做成蒸饺。杨贵妃吃了很高兴，所以"贵妃蒸饺"便成为宫廷佳肴而流传下来。清朝慈禧太后逃难到西安，想吃一种水饺，并要当面煮熟。厨师们就把鸡脯肉包成小巧玲珑的珍珠饺，用火锅盛着鸡汤，端到太后面前，随吃随煮。这种饺子，后人就叫"太后火锅"。

七、肉丸胡辣汤

肉丸胡辣汤是西安清真小吃，也是西安人最欢迎的早餐之一。汤要勾芡，汤里有浑圆的牛肉丸子、切成块状的土豆、莲花白、胡萝卜、菜花、芹菜等。先用牛羊骨熬汤，下牛肉丸，烩菜，最后勾芡而成。吃前要浇一勺店家精心熬制的辣椒油。做法看起来比较容易，但是要做到菜不煮烂、美味可口是不容易的。

八、荞面饸饹

饸饹是西安的名吃，是用荞麦面制成的条状食品。其特点是含糖量少，富含淀粉、蛋白质、维生素 P、维生素 B_1、维生素 B_2、芦丁、镁、总黄酮等。而且荞麦中含有人体必需的氨基酸，在所有谷类中被称为最健康的食物。荞麦主要产于北方，如陕西、山西、内蒙古等地。元代农学家王祯《农书·荞麦》记："北方山后，诸郡多种，治去皮壳，磨而成面或作汤饼。""荞麦最降气宽肠，故能炼肠胃滓滞，而治浊滞、泄痢、腹痛、上气之疾。"荞面饸饹清香爽口，冬可热吃，夏可凉食，风味独特。但荞面饸饹黏度不高，容易断裂，一般只能现做现食。

人们的生活水平不高的年代，荞面饸饹一般不作为待客之食物。如今，人们的高能量食品摄入量过多，荞面饸饹由于其含脂肪量低，而营养价值又高，因此，成了待客美食，且日益受到减肥人士、糖尿病人、高血脂人群的青睐。

九、水盆羊肉

水盆羊肉是西安的地方名吃，主要方法用羊肉熬成汤，辅以多种佐料，配吃白面饼或芝麻烧饼，佐以鲜大蒜、辣酱或糖蒜，味道清香、鲜醇、可口。秦汉时称为"羊肉臛"，唐宋时又叫"山煮羊"。因多在农历六月上市供应，号称"六月鲜"。

十、老鸹撒

老鸹撒（音 lǎoguāsá）是陕西本地的一种类似于面疙瘩的食物。这种疙瘩比传统的面疙瘩要大很多，是两头尖、中间圆的形状，像乌鸦的头，所以得名老鸹撒。

相传，汉代名将李广，为败匈奴，使佯败之计，且逃且弃兵甲，使蛮军穷追。为让匈奴相信，他命令士兵弃锅釜，可做饭却犯了难。李广将军命将士卸其盔为釜，取草木为筷，将面团拨入盔中，入野蔬烹之，三军饱，振精神，诱蛮军入围，然后得胜回朝。武帝闻之，命御厨仿其法精做，以犒三军。有人说，匈奴以乌鸦为祥鸟，而此食酷似乌鸦头，故武帝赐食名曰"老鸹撒"，有江山永固，蛮军不得再扰之意。"老鸹撒"风行宫廷，到了唐代就传入民间，盛行于西安一带。

十一、涮牛肚

涮牛肚是一种有特色的西安小吃。在西安大街上随处可见，很受当地人的喜爱。涮牛肚的做法历史悠久，是把新鲜的牛肚肉切成片，用竹签穿起来，在高汤里煮熟，然后蘸上芝麻酱、辣椒酱等各种调料做成的汁液，吃起来浓香筋道，美味可口。当地人还配以清凉可口的冰镇酸梅汤或者果啤，也形成了一道独特的小吃风景。

十二、浆水鱼鱼

浆水鱼鱼是西安平民百姓的小吃。其名称叫鱼，其实并不是鱼，只不过形状有点像鱼。主要做法是，用凉水加白矾，将豆粉搓成硬团，然后用凉水和成粉糊状，让粉糊有韧性。烧一锅水煮沸，将粉糊慢慢倒入，搅拌。粉糊熟透后压火，以木勺再搅拌。灭火后，用漏勺盛出，漏到凉水盆内，则形成一条条"鱼"。浆水鱼鱼用料一般有两种：玉米面和白面，浆水多由芹菜和野菜等制成。吃的时候，感觉滑、软，进口待咬时却顺喉而下，有活吞之感，比较容易饱，但很快就产生饥饿感。

十三、腊、酱牛羊肉

腊、酱牛羊肉是西安有名的食品，并闻名全国，距今已有百年的历史。它们选料考究、工艺精良、辅料齐全、火功得当，卤出的牛羊肉，质地酥嫩、色泽红润、香醇可口。相传慈禧太后逃难到西安时，吃了西安的腊、酱牛羊肉，赞不绝口。今天的腊、酱牛羊肉已成为馈赠亲朋好友的佳品。腊牛羊肉和酱牛羊肉的做法是不一样的，相比之下，西安人一般比较喜欢腊牛羊肉。

十四、石子馍

石子馍是西安及至关中地区非常流行，也非常独特的风味食品。由于历史悠久，加工方法原始，因而被称为我国食品中的活化石。石子馍说是馍，其实就是一张张圆形的饼。其做法具有明显的石器时代"石烹"遗风：将圆形的众多小石子烧热，然后将事先和好的面放入，即成为比较薄的圆形饼。和面非常讲究，油酥咸香，加入鸡蛋以及茴香、芝麻等作料。也有人在面当中加入馅料，如核桃仁、果仁等。石子馍非常干燥，经久耐放，可以保存很长时间，因此很受人们的喜爱，也成为人们彼此馈赠的礼物。

十五、黄桂柿子饼

黄桂柿子饼是西安的风味小吃，也叫水晶柿子饼。其用料是西安盛产的柿子和白面。西安的柿子，特别是临潼的火晶柿子，果皮、果肉为橙红色或鲜红色，果实小，果粉多，无核，肉质软密，多汁，品质极好，与面粉搭配和好后用油煎熟，味道非常可口。

相传，唐朝黄巢起义军在西安临潼古道上休息时，当地的百姓们抬着柿子面饼，犒劳起义军。士兵吃起沾上桂花的柿子面饼来，味道更加香甜，柿子面饼也因此得名曰"黄桂柿子饼"。

十六、金线油塔

金线油塔是关中的名小吃，用面粉与猪油揉成，体积与小馒头相近，外形类似塔状，经蒸制而成。其系层层包裹而成，由于有猪油相伴，因此彼此相隔，犹如细丝，提起似金线，因此得名金线油塔。吃的时候，可以搭配蒜汁蘸着吃，美味可口。

金线油塔历史悠久，据《清异录》记载，唐穆宗时，宰相段文昌家里有一号称"膳祖"的老女仆擅长制作这种油塔，且技艺精湛。在四十多年的时间里，她曾将此技艺传授给一百多名女婢。后来，这种食品传入市肆。唐天授年间，长安城里就有这种油塔。

《朝野金载》说，有一位名叫张衡的官员，官至四品。武则天决定升他为三品官。一日他退朝归来，路过街市，忽觉香气扑鼻，下马一看，原来是刚出笼的热油塔。张衡垂涎欲滴，便悄悄地买了一个在马背上就开始吃了，被御史弹劾，因而丢了乌纱帽。可见这种"油塔"吸引力之大，已经到了"闻香下马"的程度。

十七、甑糕

甑糕是西安的特色小吃，与北方人喜爱的八宝饭很相像，但有自己的特色。由于蒸糕的深口大铁锅在西安称为"甑"，因此而得名。这种甜品小吃是用糯米、芸豆和红枣蒸成的，蒸熟后香味四溢。甑糕的下层白饭渗入枣色，呈鲜润的绛红色泽，上面一层芸豆，呈咖啡色，再上层便是暗红色的枣泥，最后枣泥上又撒一层碧绿的葡萄干，卖相诱人。甑糕口感香甜，质地柔软细腻。西安的很多学生和上班族把甑糕当作早餐。

十八、水晶饼

水晶饼是西安的特色食品之一。主要用料是冰糖、五仁、面粉等。因其馅透明发亮，如水晶石一般，故此得名。相传水晶饼创始于宋朝。由于传统的水晶饼是高糖食品，受欢迎程度不高，因此现代生产的水晶饼已有所改进。西安德懋恭生产的清真水晶饼（牛油馅）已被评为中国的名特糕点。

十九、钟楼小奶糕

钟楼小奶糕是西安当地的一种雪糕，多年前由西安钟楼食品店推出，故得其名。其特点是奶味儿很浓，很鲜。由于物美价廉，是当地夏季非常受欢迎的冷饮。

二十、冰峰汽水

"冰峰"是一种橘子味汽水的品牌，在西安可谓无人不知、无人不晓。在世界级饮料品牌的强势夹攻下，冰峰顽强地生存下来，而且越战越猛。冰峰汽水采用传统的玻璃瓶包装，每瓶200毫升，跟其他五彩缤纷的饮料包装相比，比较朴素，似无过人之处。不过对西安人来说，它是浸着几代西安人感情的民族品牌。从外地回家的西安人总要喝上一瓶

"冰峰"，这已经成为一种故乡情结和陕味文化。

小吃在过去是登不上大席面的。如今，饺子、牛羊肉泡馍等传统的西安著名小吃，已登堂入室，走进了宴会厅，成为赫赫有名的饺子宴和泡馍宴。还有酿皮子、锅贴、枣肉末糊、葫芦鸡、温拌腰丝、奶汤锅子鱼等，这些陕味陕菜组合起来，就成了西安人招待客人的重要菜品。

第二节　蕴涵厚重的历史——西安的民间习俗

以西安为中心的关中地区，受中国古代帝都传统文化影响极深，形成了一系列民俗文化和民间习俗，在衣、食、住、娱等方面也有自己独特的生活方式，对中华民族的民风民俗有着深刻的影响。千百年来，西安一带的民俗事象也不断发展变化，呈现出民风淳朴、千姿百态的特点，文化内涵十分丰富。

一、"关中八大怪"

"关中八大怪"，是指以西安为中心的关中地区八种风俗习惯。由于自然条件、气候、经济、文化等多方面原因的影响，关中地区的人们在衣、食、住、行等各个方面，形成了一些独特的习惯，人们将其总结和概括为"八大怪"。其中，有一些是以偏概全，另外一些则包含了善意的嘲讽，使之更加生动而风趣。值得一提的是，"八大怪"主要存在于旧时代关中的农村地区，在今天蓬勃发展的时代，基本上已经消失了。"八大怪"有多种版本，但核心是相同的。

（一）第一怪——凳子不坐蹲起来
关中地区主要是以农业生产为主，农忙的时节比较多，大家在休息的时候就会不自觉地蹲在地上，从而形成了一种独特的习惯：一般不坐板凳，即使有板凳也不坐，而是蹲在板凳上。

（二）第二怪——房子一边盖
一般的房顶为人字形，可西安的房顶却像是人字的一撇。

关中农村的许多房屋，如同把双坡形式的房屋，从中间一刀切开，背面从屋顶到地面是一堵墙，另一面是斜坡的屋面。这种结构主要是因为关中地区森林不多，修建这样结构的房屋不需要很多的木梁，能够节约木材，屋顶也能够较畅快地排水。

（三）第三怪——姑娘不对外

关中地区嫁娶讲究的是"知根知底"。旧俗认为自己的女儿嫁到外面会受欺负，而外面的媳妇娶到家里又怕丢失，所以一般情况下姑娘是不往外嫁的。由于封建社会小农经济的闭关保守，关中地区对外交流和交往较少，这也是造成这一"怪"的客观原因。

（四）第四怪——帕帕头上戴

关中一带的中老年妇女都喜欢头上顶一幅大手帕。手帕前边的两只角打成两个"结儿"用发夹别住，后面的两只角任其飘拂。戴手帕既可以防止太阳直射头顶，同时也起到了防尘的作用。

（五）第五怪——面条像裤带

关中人豪爽，爱吃宽面、厚面。比如西安户县软面、裤带面等。关中人做的面食花样繁多，大多数面条比较宽。说裤带面其实是善意的夸张，真正的面条比腰带还是要细一些的。

（六）第六怪——烧饼像锅盖

关中人过去一般用秸秆烧火做饭，秸秆烧起的火比较"文"，不容易将锅里的饼烧糊。为了避免浪费秸秆，用的烧饭锅口径比较大。烙饼时，一次可以烙一大张，因此大饼与锅盖一样大。

（七）第七怪——辣子当成菜

关中人喜爱吃辣椒，一般的面食中都带辣子，无辣不下饭。其实，关中人吃面也是拌菜的。外地人只看见了辣椒，才有此说法。

（八）第八怪——秦腔吼起来

秦腔是关中地区的主要地方戏曲，非常受关中人喜爱。由于秦腔的唱法比较独特，给外地人的感觉像是在"吼"。这一特色，也体现出关中人的豪爽。

二、礼仪习俗

以西安为代表的关中地区，从出生、成人、结婚、生儿育女，最后到死亡，有一系列民俗活动和礼仪习俗。

（一）寿诞习俗

关中地区的孩子出生，要在门帘子上夹一绺红布，以避免生人、尤其是避免男性闯入产妇的房间。孩子出生的第二天，父亲要拿着礼物到孩子的舅家去。孩子的外婆于第三天提着醪糟、鸡蛋、大枣、红白糖等前来"下奶"。孩子出生以后，要给孩子取乳名，俗称"小名"。西安城乡给孩子取乳名要避开长辈的名、字、号，男孩一般按照生年的天干地支、当地特点或者当时历史事件取名，或者取带有动物字眼的乳名。女孩一般用"花""芬""芳""英""兰""香""秀"等字眼。给孩子做满月的时间，男孩是 30 天，女孩是 29 天。孩子过百天前，村里一些老年妇女，走家串户为孩子凑"百家锁"（又叫"长寿锁"）。孩子过生日，一般家庭都是给孩子炒鸡蛋吃，取"吉祥如意"的意思，因为西安方言"鸡""吉"两字同音。

西安中老年人的寿诞，一般是给过生日者一人或者全家吃一顿长面条，谓之"长寿面"。

（二）婚姻习俗

旧时代，西安城乡的婚姻习俗基本上依照"六礼"进行。即纳采、问名、纳吉、纳征、请期、亲迎。男子到了婚配年龄，要请媒人拿上四种礼物，即肋条肉、莲藕、香烟、酒，到女方家去定亲。待女方家同意后定下黄道吉日娶亲。西安人忌讳在男女任何一方的本命年完婚，忌讳孕妇娶亲、送亲。城乡的联姻形式一般是由媒人撮合，一些家庭也有指腹为婚、结娃娃亲以及"招夫养夫"等婚姻形式。一些富贵者也有娶一个或者若干个姨太太的。

（三）丧葬习俗

旧时代，父母年迈时，晚辈就要为父母置办丧葬所需的寿材、寿衣（俗称"老衣"）以及孝子的孝服等。寿材以柏木为上等，松木次之，桐木等更次之。西安城乡的丧服有头布、孝袍、孝裙、白褂子、孝衫、白鞋。烧纸一般定在老人断气的翌日，也有于盛殓前进行的。老人安葬后在"三七""五七""百日"以及"头周年""二周年"要进行纪念，其中以"三周年"（简称"三年"）最为隆重。三周年时要搭礼棚，请乐人，请道士或者居士念经，于前天晚上或者当天请大戏或者小戏班子演戏，在坟前谢孝后，要大宴宾朋。

（四）岁时节令习俗

西安地区按照二十四节气的交替，形成了一些传统习俗。

1. 立春

立春俗称"打春"或"报春"。旧时代，在这天早晨，知县要亲率幕僚，拿着盛有枣、核桃、柿饼、花生等的纸春牛，抬着供有猪羊供品的供桌，敲锣打鼓到郊外祭春。迎春礼毕，用棍棒打破纸春牛，撒落干果，任围观者哄抢，以图吉祥。

2. 春分

清明时，一般人家要上坟，祭奠祖先。若亲属亡故未满三年，则于春分日到新坟烧化纸钱，因此也把春分称为"新坟"（"坟"读为阴平，与"分"同音）。

3. 谷雨

旧时代，在这天的清晨，姑娘们要在黄表上画上蝎子、蜈蚣、簸箕虫、蛇等毒虫和一把宝剑，题词道"谷雨三月中，蝎子到门庭。手执七星剑，斩断蝎子精"，以祈求防虫免疫。还要去野外收取少量露水，用白矾蘸着擦刀，将锈滴撒在黄表上呈土红色，贴于炕头。传说此举可以避免毒虫叮咬。

4. 立夏

立夏这一天有察看天气阴晴，预测当年丰歉的习俗。通过长期的观察，人们总结出很多的天象谚语，如"立夏十日旱，庄稼汉吃饱饭"。生活中，还有"麦梢黄，女看娘；卸了桲架（碌碡架），娘看女冤家"的习俗。割小麦前，女儿、女婿要带上礼物去娘家，叫作"看忙"。表示这段时间即将开始收麦子，无暇顾及老人。

5. 村会

村会一般叫"亲戚会"。西安城乡的村会，一般从农历三、四月到十月，多数是一村一年一会，少数是一村一年两会、三会、多会。凡过会，所有的亲戚，除了老人去世后已经约定不再互相来往的"老亲戚"外，都要带着礼品前来。中午主人以臊子面等热情款待。晚辈给老人拿的礼物一般是油塔、点心、挂面等；父母给女儿、舅舅给外甥的礼品一般是馍、桃子、沙果等。

6. 立秋

旧时代，西安一带有立秋日测天气热冷的习俗。当地谚语云："早上立了秋，晚上凉飕飕；晌午立了秋，秋后还有二十四个火老虎。"

7. 冬至

冬至日有吃饺子的习俗，因为饺子与人耳相似，有"冬至吃饺子，一冬不冻耳朵"的说法。传说名医张仲景每年冬至日施舍面皮包药，形似饺子，可以煮食，叫作"祛寒饺耳汤"，以防冻耳疮。这一习俗至今仍然流传。西安地区还有个别地方，有冬至日吃豆腐脑习俗，传说吃了豆腐脑，不冻手脚。

三、传统节日习俗

西安城乡的节日习俗主要有农历的春节、青龙节、清明、端午、乞巧、中秋、重阳、寒衣节、腊八、祭灶。

（一）春节

春节，一般称为"过年"，这是一年里最隆重、最热闹的节日。西安地区的人们，在大年三十下午，家家户户贴春联，上祖坟，敬家宅六神，吃团年饭，给小孩压岁钱，守岁。初一凌晨子时，一定要放鞭炮后才能入睡。初一要很早起来，穿上新衣服，到祠堂去敬祖宗或者到长门家去给祖宗牌位叩头，敬家宅六神，放鞭炮，吃饺子。晚辈要给长辈行礼拜年，邻里之间要互相问候，说一些祝福的话。初二至初四，人们要带礼品，到舅舅家、娘家、老丈人家拜年。初五叫"破五"，也叫"驱穷节"，吃喝要丰富，以示富有，或者打搅团吃，谓之"糊窟窿"，以示驱穷。正月十五日是元宵节，家家张灯结彩，房前屋后挂灯笼，小孩子拿着灯笼玩耍。这一天，要耍社火，舞狮子，舞龙灯，跑旱船，玩竹马，扭秧歌，唱大戏，放焰火。一般来说，正月十五一过，就算是年过完了。

（二）青龙节

西安的民谚云："二月二，龙抬头。"农历二月初二是青龙节，家家户户要炒玉米粒、黄豆、豌豆以及麦面棋子豆等。炒豆是迎接龙抬头的象征，炒豆子是新春给龙王的第一件礼物，祈求龙王保佑全年风调雨顺，庄稼丰收。按旧俗，正月里人们是不能理发的，一直到二月二才能够理发。

（三）清明节

西安地区的人一般把清明节叫"寒食节"。在前两天及当天开始上坟烧化纸钱，祭拜祖先。有的地方，清明节当天讲究吃凉面皮，这是古代寒食习俗的遗留。这时，出嫁的闺女去娘家上坟，往往给父母拿些吃用的东西。由于清明节春暖花开，气候宜人，人们在清明节也有踏青的习俗。

（四）端午节

农历五月五日是端午节。西安城乡讲究吃粽子，喝雄黄酒，戴香包，门上插艾草，给小孩以及中青年妇女手腕、脚腕、腰部绑上五色线合成的绳子，一般称作"花花绳儿"。出嫁的女儿，节前几天还要给父母送绿豆糕、油糕等。五月五日当天，父母要包粽子给女儿。

（五）乞巧节

农历七月七日是乞巧节，有耍七姑娘、生巧芽等习俗。西安长安区盛行开"石婆庙会"，主要是耍杂耍，卖东西，卖食品，有点类似于集市。

（六）中秋节

西安地区在中秋节要向舅舅家、老丈人家等送月饼，舅舅家、老丈人家等要给女婿、外甥送芝麻饼、柿子、栗子等。这一天的白天，要烙好芝麻饼、团圆饼，等晚上月亮出来时，要点燃香烛遥天拜月，还要吃月饼、芝麻饼等。

（七）重阳节

农历九月九日是重阳节。西安地区的习俗是，晚辈要敬老，送礼品。父母要给出嫁女儿送花糕。花糕用上等白面蒸成，圆形，塔状，三四层不等，底层直径一尺多，周围有齿形花边，每层边沿嵌以核桃仁、枣子、栗子，上边有龙、兔、莲等，这是父母希望女儿与女婿恩恩爱爱，白头偕老。

（八）寒衣节

农历十月一日是寒衣节。因天气已入冬季，担心逝去的人受冻，所以要上坟烧化纸钱，让先人买衣服穿。西安人还讲究在纸糊的棉衣、棉裤里夹籽棉在亲人坟前烧掉，因为"籽""子"同音，取后继有人的寓意。

（九）腊八节

农历腊月初八是腊八节。在这时候，西安地区已进入寒冷的冬季，为了御寒，人们有吃热腊八粥的习俗。腊八粥主要原料是大米、红枣、红豆、黑豆、莲子、花生、玉米等，熬制而成。这一习俗也流传至今。

第三节 城墙根下吼秦腔——西安的民间艺术

西安独特的民俗风情体现在丰富多彩的民间艺术中。从书法绘画、剪纸、雕塑、戏剧、歌舞、曲艺、杂谈，到工艺品的编织和制造；从热闹欢腾的社火、晃荡的秋千、高翔的风筝，到古城墙上的马拉松比赛，人们既可领略古代帝都传统文化的风采，又能感受到西安风土人情的神韵。

一、秦 腔

秦腔源于古代陕西、甘肃一带的民间歌舞，是在中国古代政治、经济、文化中心长安生长壮大起来的，经历代代人民的创造而逐渐成形，是一种相当古老的地方剧种。

关中地区被称为"秦"，秦腔由此而得名，因以枣木梆子为击节乐器，又叫"梆子腔"。秦腔表演技艺十分丰富，身段和特技应有尽有，常用的有趟马、拉架子、吐火、扑跌、扫灯花、耍火棍、枪背、顶灯、咬牙、转椅等。神话戏的表演技艺，更为奇特而多姿。如演《黄河阵》，要用五种法宝道具。量天尺，翻天印，可施放长串焰火，金交剪能飞出朵朵蝴蝶。除此之外，花脸讲究架子功，以显威武豪迈的气概，人们称其为"架架儿"。

秦腔的很多剧目都反映我国历史上反侵略战争、忠奸斗争、反压迫斗争等重大题材或富有生活情趣的题材。清康、雍、乾三代，秦腔流入北京，又直接影响到京剧的形成。

秦腔唱腔为板式变化体，包括板路和彩腔两部分，每部分均有欢音、苦音两种，前者长于表现欢快、喜悦的情绪；后者善于抒发悲愤、凄凉的情感。板式有慢板、二六、代板、起板、尖板、滚板及花腔，拖腔尤富特色。秦腔唱腔中还有一个特点就是彩腔，假嗓唱出，音高八度，多用在人物感情激荡、剧情发展起伏跌宕之处。其中的拖腔必须归入"安"韵，一句听下来饱满酣畅，极富表现力，也是与其他的剧种有明显区别的地方。

秦腔的角色有"十三门二十八类"之说。老生分安工老生；衰派老生、靠把老生；须生分王帽须生、靠把须生、纱帽须生、道袍须生和红生；小生分雉尾生、纱帽生、贫生、武生、幼生；正旦分挽袖青衣、蟒带青衣；小旦分闺门旦、刀马旦；花旦分玩笑旦、泼辣旦、武旦、媒旦；净分大净、毛净；丑分大丑、小丑、武丑。各门角色都有独特的风格和拿手戏。演唱时须生、青衣、老生、老旦、花脸多角重唱，所以也叫作"唱乱弹"。有人赞美秦腔，"繁音激楚，热耳酸心，使人血气为之动荡"，这正是秦腔表演的特色。其表演技艺质朴、朴实、粗犷、细腻、深刻、优美，以情动人，富有夸张性，生活气息浓厚，程式严谨，技巧丰富。身段和特技有趟马、拉架子、吐火、吹火、喷火、担子功、梢子功、翎子功、水袖功、扇子功、鞭扫灯花、顶灯、咬牙、耍火棍、扑跌、髯口、跷工、獠牙、帽翅功等。

秦腔的脸谱讲究庄重、大方、干净、生动和美观，颜色以三原色为主，间色为副；平涂为主，烘托为副，所以极少用过渡色。在显示人物性格上，表现为红忠、黑直、粉奸的特点，格调主要表现为线条粗犷，笔调豪放，着色鲜明，对比强烈，浓眉大眼，图案壮丽，寓意明朗，性格突出，格调"火暴"。

二、长安古乐

长安古乐即是唐代宫廷的"唐大曲"，是以打击乐与吹奏乐混合演奏的一个大型乐种，自唐朝至今已流传逾1 300年，被音乐界称为"音乐活化石"。一千多年来，长安古乐一直存活于西安周至县和西安附近，经历血火灾变，至今绵延不绝。演奏形式分为行乐和坐乐两大类。行乐是行走时演奏的乐曲，所用乐器较为简单，节奏规律、严整；坐乐为坐着演奏的套曲曲牌，乐器配备完整，人员众多，场面壮观，演奏者们配合默契。乐器有笛、笙、管、鼓、锣、铙、大钹、小钹、木鱼、大小梆子、水铃等二十余种。至今，在"南音"和日本"雅乐"中，都能听到长安古乐的遗韵。长安古乐的曲目和演奏有四个调：六（C）调、尺（G）调、上（F）调、五（D）调。长安古乐用中国古代的"俗字谱"来记谱，方法丰富、准确和音符的多样，使它成为流传千年的清音。长安古乐有文字记载、有乐谱相传的曲目有一千余首。

盛唐时，歌舞繁盛，李唐王室成员多在宫廷创制演奏乐曲。按民族国家将其划分为十部乐，即宴乐、清商乐、西凉乐、高丽乐、天竺乐、龟兹乐、疏勒乐、安国乐、康国乐、高昌乐；按演出形式分为坐部伎和站部伎。在天子及诸侯宴饮宾客时，优美的音乐时时奏响。

唐明皇本人就是一个精通乐理的作曲家，而且擅长器乐演奏，关中民间更传说他是一个鼓手，他钟爱的杨贵妃则善于和着乐音载歌载舞。但是，"安史之乱"击碎了宫廷的优雅生活。在这场变乱中，大量的宫廷乐人流落民间，将宫廷音乐带入了长安的民间里巷，古乐随即在民间传承发展，形成了一套比较完整的古乐曲演奏体系。唐明皇所作的管子曲《雨霖铃》便是一首传世佳作。"雨霖铃，帝幸蜀，淋雨弥旬，闻铃声与山相应"。其他如唐代著名乐曲《婆罗门》（又名《望月婆罗门》，唐天宝时改为《霓裳羽衣曲》，曲中有古印度音乐的影子）《秦王破阵乐》《遐方怨》《鹊踏枝》《诉衷情》《望江南》，琵琶曲《明妃怨》（明妃即王昭君），大型套曲《青天歌》等。这些曲目丰富、内容广泛、风格多样、曲式结构复杂庞大的古乐，充分再现了唐代音乐的辉煌风貌。

三、眉　户

眉户，即眉鄠，或称"迷糊""迷胡""曲子戏""弦子戏"，是陕西关中的主要戏曲剧种之一。陕西有将"胡"作"戏"解之说，故称"迷胡"，即"迷人的戏"的意思。抗日战争时期，延安称之"眉户"，所以今称"眉户"者居多。

清代嘉庆、道光年间，在陕西，有人把唱曲与民间秧歌、社火相结合，以小调曲子为主，发展成为小戏，逐步由"地摊子"搬上舞台。

同治、光绪年间涌现出一批艺人和一些专业戏班。艺人在演出过程中，不断从地方大戏中借鉴唱腔、锣鼓、伴奏曲牌、身段、扮相、服饰等，用以丰富自己的艺术手段。

抗日战争时期，晋南名艺人李卜到达延安传授眉户。当时陕甘宁边区民众剧团及广大文艺工作者，利用眉户反映边区人民斗争生活，编演了《十二把镰刀》《夫妻识字》《大家喜欢》等剧目，为新秧歌剧运动的兴起和发展提供了重要艺术条件，也为眉户演出现代戏打下了基础。现代戏以《梁秋燕》最为驰名。

眉户的演唱形式分为两种：一是仍保留地摊子演唱的曲艺形式。其唱本多系折子戏，如《女寡妇验田》《古城会》《皇姑出家》等，这种节目常常是一唱到底，很少说白。一是舞台演出形式，其剧目既有《反大同》《火焰驹》等大型本戏，也有《张良卖布》《两亲家打架》《杜十娘》等折子戏。有白，有唱，有表演，曲牌选用自由。

眉户的伴奏乐器以三弦为主，板胡和海笛相辅，后又逐渐加入二胡、打琴以及中西弦管乐器。打击乐器及锣鼓点，均借鉴地方大戏而稍有变化。

眉户的曲调甚为丰富，有"七十二大调，三十六小调"之说。大调以唱悲伤剧情为主，如《老龙哭海》《罗江怨》《老五更》等；小调以唱欢喜剧情为主，如《采花》《银红丝》《一串铃》等。现在眉户的唱腔音乐精练到50多个曲牌。

不同于秦腔的高昂激扬，豪放粗犷，眉户的唱腔较为委婉细腻，优美动听，长于表现深沉、凄楚和悲痛等情绪。戏曲服饰简朴，化妆粗线条。表演动作真实、生活化。整体风格较为现代。

四、皮影戏

中国的皮影艺术发源于中国陕西，是中华民俗文化中的一枝奇葩。皮影戏最早诞生在两千多年前的西汉，又称"羊皮戏"，俗称"人头戏""影子戏""驴皮影"。不少地方戏曲剧种都是从皮影戏中派生出来的。

皮影戏又名"灯影子"，是利用幕影原理，将表演的影子与音乐伴奏和说唱配音联合运用最早的一种视影艺术。国际电影史理论界公认，皮影戏艺术是后来发明电影的先导。在当代电影艺术中，皮影技术还为动画制作提供了一种新的便捷工艺手段，为美术片创出了新品种。从1958年第一部皮影美术片《猪八戒吃西瓜》起，已有十来部汲取皮影表现技法的美术片问世。皮影戏所用的幕影演出道理、艺术手段，对电影的发明和美术片的发展起到先导作用。如今，中国皮影被世界各国的博物馆争相收藏，同时也是我国政府与其他国家领导人相互往来时的馈赠佳品。

皮影戏在关中地域很为盛行。上演时，用一块白布作屏幕，操作者站在幕布后面，把皮影贴到屏幕上，灯光从前面打出，观众坐在前下方观看。皮影戏以秦腔为主，演唱者和皮影支配者合作默契。演出技术纯熟的，关中人称其为"把式"，一手拿两个以至三个皮影，厮杀、对打，套路稳定，令人眼花缭乱。皮影戏的剧目有《游西湖》《哪吒闹海》《古城会》《会阵招亲》等。清代，皮影戏发展达到了历史的巅峰。很多官门富豪经常请皮影班演皮影戏。在民间，各类皮影戏班也非常多，一遇到逢年过节、欢庆收获、庙会赶集、消灾免祸、祈福天地、嫁娶宴请、老少生日等，都要请皮影戏班演出。有的时候，要通宵达旦，甚至连演十余天。有的时候，一个庙会可出现几个皮影戏班搭台演出，盛况空前。

　　皮影戏在元代传入了波斯（伊朗）、阿拉伯、土耳其、暹罗（泰国）、缅甸、马来群岛、日本以及英、法、德、意、俄等亚欧各国。18 世纪德国的歌德、20 世纪英国的卓别林等世界名人，都对中国的皮影戏给予很高的评价和赞誉。

第四节　质朴淳厚中透出精巧
——西安的民间工艺

　　民间工艺是人民群众生活中创造的艺术，是展示地域文化的窗口之一。西安的民间工艺作品，造型饱满粗犷，色彩鲜明浓郁，既美观实用，又具有求吉纳祥、祈福避害的寓意，不仅反映了民间社会大众的审美需求和心理需要，更体现了西安文化的丰富性与创造性。

一、马勺脸谱

　　西安地区的老百姓非常流行用木马勺镇宅辟邪。只要家中遇到灾难，比如人丁不旺，家人有难等，就要请艺人在舀水的木马勺上画彩色的善面图，形状各异，将其挂在房檐下，以此镇宅辟邪，保佑平安。

二、麦秸画

　　麦秸即麦秆，麦秸画，即麦秆工艺浮雕立体画，是西安地区盛行的一种工艺品。它利用麦秆，通过熏、蒸、烫、漂等十几道加工处理工序，在保持麦秆自然光泽和纹理的基础上，大胆吸收了国画、版画、剪纸、烙画、贴画等诸多艺术表现手法，以精湛的制作手法，巧妙地制作出了古朴、典雅、惟妙惟肖的手工艺品，被海内外誉为中华一绝、中国民间文化瑰宝。麦秆工艺浮雕立体画是我国早已失传的隋唐宫廷工艺品。20 世纪八十年代，有关人士根据资料潜心钻研、多方求教，利用麦秆的自然光泽、纹理和质感，大胆创新发明，并借助现代化的技术对这一传统工艺推陈出新，终于使古老的传统民间工艺重放异彩。

三、剪　纸

剪纸，俗称"窗花"，是西安地区一种有着悠久历史的民间艺术形式。剪纸风格或纤细秀美，或粗犷大方，粗中见巧工，土中有美感。近年来，剪纸艺人多次出访外国献艺，引起轰动。民间剪纸，多为聪慧的劳动妇女所创作。她们怀着对大自然的热爱，对美好生活的憧憬和对民间艺术的执著追求，以娴熟的技艺、朴素的手法，剪出了活灵活现的古今人物、吉祥动物、名贵花草等。剪纸造型奇巧、工艺精湛、生活气息浓重，把老百姓喜庆、快乐的感情，用夸张的艺术形式表现得丰富多彩，现已成为极有欣赏价值和展示价值的礼品。

四、皮　影

皮影是用于皮影戏人物的制品和道具。在西安地区，虽然皮影多用于皮影戏艺术，但由于其造型精美，结构精巧，也单独成了一种工艺品和玩具。延续到现代，也仍然是人们喜爱的馈赠工艺品。

五、布　艺

布艺是以布为原料，集民间剪纸、刺绣、制作工艺为一体的综合艺术。布艺的造型典雅考究，颜色简洁明快，形象逼真，小巧可爱，天然成趣。旧时西安地区，孩子满月时，外婆一般要给小外孙送布老虎或布麒麟。

六、面　花

西安地区的主食是面食，而将面食做出各种花样，是西安地区人们的一大创新。面花就是馒头的一种艺术的变异。面花从其制作工艺上大致分为蒸制和烙制，以蒸制为主。

汉唐时期，面花技艺已经发展到了高峰，并且开始出现在一些大型宴会中。唐中宗时宰相韦巨源"烧尾宴"中的"素蒸音声部"，就是一组用面团捏塑造型，经蒸制而成的面花。其造型是将面团分为70份捏成的70个美如仙女的面人，有手持不同乐器吹拉弹唱的乐伎，有身着舞衣翩翩起舞的歌舞伎。上席时按乐舞演奏的章法安放面人位置，组成一个大型的乐舞场面，让赴宴的宾客观赏品鉴之后，再下筷一个一个吃掉。

面花最早用于祭祀，以后演变到生活的方方面面，如过节送礼、生日祝寿、婚丧送礼等。延续至今，西安地区仍保留着送面花这一习俗。一年四季不同季节、不同节气、不同节日、不同对象，所送的面花造型不一。

第五节 落笔如有神——西安的书画

西安是中华书法艺术的发祥地之一，因盛产书法大家和以西安碑林为代表的大量书法艺术瑰宝遗存，被誉为"书法之乡"。半坡遗址的陶文符号，两千多年前的西周的金文、石鼓文，秦代的小篆，都显示出中华书法艺术的魅力。近年来，西安市书法家协会、西京金石书画学会、西安中国画院等以提倡高尚艺术、发扬国光为宗旨，研讨书画，传授技艺，对传统书画艺术的传承与延续发挥了重要作用。

一、西安碑林及中国书法史

碑林位于西安市南城墙魁星楼下，因碑石丛立如林而得名。它是收藏我国古代碑石时间最早、名碑最多的艺术宝库。碑林坐落于三学街（因清代的长安学、府学、咸宁学均设在这里而得此名）。它始建于北宋哲宗元祐二年（1087年），原为保存唐开元年间镌刻的《十三经》《石台孝经》而建，九百多年来，经历代征集，扩大收藏，精心保护，规模逐渐扩大，清始称"碑林"。入藏碑石近三千通。现有六个碑廊、七座碑室、八个碑亭，陈列展出了共一千零八十七通碑石。在名碑荟萃的展室里，展示了圣儒、哲人的浩瀚石经；秦汉文人的古朴遗风；魏晋北朝墓志的英华；大唐名家的绝代书法以及宋元名士的潇洒笔墨。书圣王羲之、画圣吴道子书画的墨迹，以及诗画双绝的王维的竹影清风更为碑林增辉溢彩。

在西安碑林流连，可以读尽中国书法史。

中国的文字始于黄河中游的仰韶文化时期。这一时期的半坡遗址出土了饰有类似文字的简单刻画的彩陶。这些符号已区别于花纹图案，把文字的发展又向前推进了一步，可以说是中国文字的起源。

中国文字的发展经历了由甲骨文、古文（金文）、大篆（籀文）、小篆、隶书、草书、行书、楷书等阶段。春秋战国时期，各国文字不一，成为经济文化发展的障碍。秦始皇统一国家后，丞相李斯主持统一全国文字，所谓"书同文，车同轨"，这在中国文化史上是一伟大功绩。秦统一后的文字称为秦篆，又叫小篆，是在金文和石鼓文的基础上删繁就简而来的。著名书法家李斯主持整理出了小篆。《绎山石刻》《泰山石刻》《琅琊石刻》《会稽石刻》即为李斯所书，历代都有极高的评价。

两汉书法分为两大表现形式，一为主流系统的汉石刻；一为次流系统的瓦当玺印和简帛盟书墨迹。"后汉以来，碑碣云起"，是汉隶成熟的标记。在摩崖石刻中（刻在山崖上的文字）尤以《石门颂》等为最著名，书法家视为"神品"。蔡邕的《熹平石经》达到了恢复古隶、胎息楷则的要求。而碑刻是体现这个时代度与韵的主要艺术形式之一，其中以《封龙山》《西狭颂》《孔宙》《乙瑛》《史晨》《张迁》《曹全》诸碑尤为后人称道仿效。从地域上看，北书雄丽，南书古朴，体现了士、庶阶层的不同美学追求。汉碑刻上的隶书已经登峰造极，字形方正，法度谨严，波磔分明。瓦当玺印、简帛盟书则体现了艺术性与实用性的联姻。

汉代书法家可分为两类：一类是汉隶书家，以蔡邕为代表；一类是草书家，以杜度、崔瑗、张芝为代表，张芝被后人称为"草圣"。

草书的诞生，在书法艺术的发展史上有着重大意义。它标志着书法开始成为一种能够自由抒发情感、表现个性的艺术形式。草书的最初阶段是草隶，到了东汉时期，草隶进一步发展，形成了章草，后由张芝创立了今草，即草书。

书法艺术的繁荣期，是从东汉开始的。第一部书法理论专著是东汉时期崔瑗的《草书势》。

魏晋时期，楷书成为书法艺术的又一主体。楷书又名正书、真书，由钟繇所创。正是在三国时期，楷书进入刻石的历史阶段。三国（魏）时期的《荐季直表》《宣示表》等成了雄视百代的珍品。

两晋时期，在生活处事上倡导"雅量""品目"，艺术上追求中和冲淡之美，书法大家辈出。其中，最能代表魏晋精神、在书法史上最具影响力的书法家当属王羲之，人称"书圣"。王羲之的《兰亭集序》被誉为"天下第一行书"；其子王献之书写的《洛神赋》，字法端劲，所创"破体"与"一笔书"为书法史一大贡献；加以陆机、王导、谢安等书法大家之烘托，南派书法相当繁荣。

两晋时，行书也有辉煌的成就。行书是介于草书和楷书之间的一种字体。代表作有《伯远帖》《快雪时晴帖》《中秋帖》等。

南北朝时期，中国书法艺术进入"北碑南帖"时代。

唐代文化博大精深、辉煌灿烂，达到了中国封建文化的最高峰，可谓"书至初唐而极盛"。唐代墨迹流传至今者也比前代为多，留下了大量宝贵的书法作品。整个唐代书法，对前代既有继承又有革新。楷书、行书、草书发展到唐代都跨入了一个新的境地，时代特点十分突出，对后代的影响远远超过了以前任何一个时代。

唐代书法艺术，可分初唐、中唐、晚唐三个时期。初唐以继承为主，尊重法度，刻意追求晋代书法的劲美。

书法从六朝遗法中蝉蜕而出。楷书以欧阳询、虞世南、褚遂良、薛稷四大家为书法主流。此时的书法总体特点是，结构严谨简洁。故后代论书有"唐重间架"之说。李邕变右军（王羲之）行法，独树一帜。张旭、怀素以癫狂醉态，将草书表现形式推向极致。

中唐不断创新，书法极为昌盛。孙过庭草书则以儒雅见长；贺知章、李隆基亦力创真率夷旷，风骨丰丽之新境界；而颜真卿一出，"纳古法于新意之中，生新法于古意之外"。到晚唐，国势转衰，沈传师、柳公权再变楷法，以瘦劲露骨自矜，进一步丰富了唐楷之法。

唐代最高学府有六种，即国子监、太学、四门学、律学、书学、算学。其中书学，专门培养书法家和书法理论家，是唐代的创举。如初唐的欧阳询、虞世南、褚遂良等，中晚唐的颜真卿、柳公权等，都是书法大家。此后有王文秉的篆书、李鹗的楷书和杨凝式的"二王颜柳"余韵。这一时期，书法艺术进入了新的境界，一群书法家蜂拥而起，在书法造诣上各有千秋、风格多样。

唐代书法理论更加精密、完善。例如，孙过庭的《书谱》、张怀瓘的《书断》及张彦远的《法书要录》，都被后人奉为准则，对后世书论的创作产生了深远影响。

上述这些书法家的作品，很多被保留在西安的碑林。

二、户县农民画

西安市所属的户县被誉为"农民画之乡"，是户县农民画的发源地。所画内容多取材于人物、动物、花鸟等题材，勾画出户县美丽的自然田园风光；采用白描形式，构图简洁而饱满，想象大胆丰富；注重色彩对比，以大红大紫的色彩，夸张化的描述，追求强烈的直观效果，讲究装饰性；风格浪漫稚拙，怪诞抽象，浑厚质朴，气韵生动。粗犷里蕴涵细腻，浓艳而不失淡雅，古拙中流露天工。

农民画的作者当然都是农民。如李凤兰、刘志德、雒志俭、樊志华、刘知贵和王景龙等。近年来，户县涌现出了二千多名专业的农民画作家，他们一手拿着锄头，一手拿着画笔，勾勒出了一幅幅美丽的图画。许多作品在国内外获奖，并被国家和地方美术馆以及国外博物馆和外国收藏家珍藏。数千件在美、英、德、法、日等国家和地区展出。

三、长安画派

长安画派是现代国画最重要的流派之一，其主要画家 20 世纪中后期居住在西安。长安画派初起于 20 世纪 40 年代的赵望云，60 年代后石鲁等将其进一步发扬光大。流派中的知名大师还有何海霞、黄胄、方济众、郑乃珖、徐庶之、康师尧等以及当代的赵振川、王子武、王西京、崔振宽、王宝生、徐义生、王金岭、王有政、罗平安、苗重安、江文湛等。

20 世纪 60 年代，一个以赵望云、石鲁为代表的西安美术团体，在北京等地组织了一次巡回展。其风格或气势磅礴，或雄浑厚重，或生动活泼。在中国画坛引起轰动，人称"长安画派"。他们的绘画题材以山水、人物为主，兼及花鸟，作品多描绘西北，特别是陕西地区的自然风光和风土人情，其中尤钟情于陕北黄土高原的山山水水。在创作手法上，他们致力于中国画的继承与创新，以巧妙的构思和苍厚质朴的笔墨，表现浑朴苍茫的西北风光。长安画派在当代中国画坛上产生了极大反响。

风 韵 西 安

FENGYUNXIAN

第五章

古都留胜迹：历史与人文之忆

西安的文物古迹遍布地上地下，丰富多彩，被誉为"天然历史博物馆"。西安更像一部鲜活流动的历史。走进西安，漫步古都，用心和历史对话，感受这座城市的雍容儒雅、大气恢弘，寻找华夏民族的遗传基因和精神家园……

第一节　沉淀历史的文化遗迹

西安作为一座超过千年历史的都城，周之礼仪、秦之一统、汉唐盛世、万邦朝贺，它曾见证了中华民族最为辉煌的时代，它至今还留下诸多吸引人们的历史文化古迹。

一、半坡遗址

半坡遗址在今天西安市的东郊，是黄河流域一处典型的新石器时代仰韶文化母系氏族聚落遗址，距今 6 700～5 600 年。

该聚落遗址 1953 年春被发现，遗址面积为 50 000 平方米。从 1954 年 9 月到 1957 年夏季，中国科学院考古研究所组织近 200 名考古工作者，前后发掘 5 次，延续近 4 年时间，揭露遗址面积达 10 000 平方米，获得了大量珍贵的科学资料，发现和出土了丰富的遗迹和大量的遗物。共发现房屋遗迹 45 座、圈栏 2 处、窖穴 200 多处、陶窑 6 座、各类墓葬 250 座（其中成人墓葬 174 座、幼儿瓮棺 73 座）以及生产工具和生活用具约近万件文物。遗址大致形状为南北稍长、东西略短的不规则椭圆形，分为大围沟围绕的居住区、围沟以北的氏族公共墓地和以东的制陶区三部分。

居住区在聚落的中心，周围有一条人工挖掘的宽 6～8 米，深 5～6 米的大壕沟围绕，中间又有一条宽 2 米、深 1.5 米的小沟将居住区区分为两片，形成两个既有联系又相区分的两组布局。每片有一座供公共活动用的大房屋，还有若干小房子，其间分布着窖穴和牲畜圈栏。据研究，此聚落是集聚两个氏族的部落住地。

半坡类型的房子发现 46 座，有圆形、方形和长方形，有的是半地穴式建筑，有的是地面建筑。每座房子在门道和居室之间都有泥土堆砌的门坎，房子中心有圆形或瓢形灶坑，周围有 1～6 个不等的柱洞。居住面和墙壁都用草拌泥涂抹，并经火烤以使坚固和防潮。圆形房子直径一般在 4～6 米，墙壁是用密集的小柱上编篱笆并涂以草拌泥做成。方形或长方形房子面积小的 12～20 平方米，中型的 30～40 平方米，最大的复原面积达 160 平方米。储藏东西的窖穴分布于各房子之间，形状多为口小底大圆袋状。家畜饲养圈栏两个均作长方形。

半坡居民的经济生活为农业和渔猎并重。出土斧、锄、铲、刀、磨盘、磨棒等石制农具；镞、矛、网坠、鱼钩等渔猎工具。还发现粟的遗存和蔬菜籽粒，以及家畜和野生动物骨骸。常见陶器有粗砂罐、小口尖底瓶和钵。彩陶十分出色，红地黑彩，花纹简练朴素，绘人面、鱼、鹿、植物枝叶及几何形纹样。从陶器上发现22种刻画符号，有人认为可能是一种原始文字。半坡成人死后埋入公共墓地，常随葬陶器及骨珠等装饰品。发现两座同性合葬墓，分别埋着2个男子和4个女子，一般认为是母系氏族社会的葬俗。死亡儿童埋在居住区，多采用瓮棺葬。一座女孩土坑墓中随葬品精致丰富，有木板葬具，表明当时对女孩的爱重。

这些遗迹生动地展现了六千多年前处于母系氏族社会繁荣时期的先民生产与生活情况。半坡人属于新石器时代，使用的工具主要是木制和石器。妇女是半坡人中主要的生产力，制陶、纺织、饲养家畜的工作都由她们承担，男人则多从事渔猎。

1958年在遗址上建成半坡遗址博物馆，是中国第一座史前遗址博物馆，除建造文物展室外，还在3 000平方米的原始村落居住区盖起保护大厅。半坡母系氏族村是半坡博物馆陈列的有机延伸。它以积极保护遗址为前提，依据考古发掘资料，将珍贵的遗产从地下搬到地上，立体地再现人类母系氏族社会。它丰富了博物馆的内涵，集科研、考古、教学、旅游、娱乐于一体，被中外游客誉为"华夏第一村"。

二、秦始皇陵和兵马俑

（一）秦始皇陵

秦始皇陵是中国历史上第一位皇帝——秦始皇嬴政的陵墓。该陵墓位于今天西安市临潼区的骊山脚下，人称"世界第八大奇迹"，是世界级文化遗产，国家重点文物保护单位。

据史书记载，秦始皇嬴政从13岁即位时就开始营建陵园，由丞相李斯主持规划设计，大将章邯监工，修筑时间长达38年，工程之浩大、气魄之宏伟，开历代封建统治者奢侈厚葬之先例。

秦始皇陵南依层峦叠嶂、山林葱郁的骊山，北临逶迤曲转、似银蛇横卧的渭河。高大的封冢在巍巍峰峦环抱之中与骊山浑然一体，景色优美，环境独秀。

秦始皇陵规模巨大，气势雄伟。丰富的陪葬物居历代帝王陵之首。陵园按照秦始皇死后照样享受荣华富贵的原则，仿照秦国都城咸阳的布局建造，大体呈"回"字形。陵墓周围筑有内外两重城垣，内城周长 3 870 米，外城周长 6 322 米。陵区内目前探明的大型地面建筑为寝殿、便殿、园寺吏合等遗址。整座陵区总面积为 56.25 平方千米。

秦始皇陵陵区分陵园区和从葬区两部分。秦始皇陵的封土呈四方锥形，形成了三级阶梯，状呈覆斗，底部近似方形，底面积约 25 万平方米，高 115 米，但由于经历两千多年的风雨侵蚀和人为破坏，现封土底面积约为 12 万平方米，高度为 87 米。墓葬区在南，坐西面东，放置棺椁和陪葬器物；寝殿和便殿建筑群在北，为秦始皇陵建筑群的核心。现代考古证明，秦始皇陵地宫完整保存在封土堆下，几千年来没有被盗掘。

秦始皇陵核心区目前尚未发掘。

（二）兵马俑

1974 年 1 月 29 日，在秦始皇陵东侧 1.5 千米处，当地农民打井时，无意中挖出一个陶制武士头。后经国家有关部门发掘，终于发现了使全世界都为之震惊的秦始皇陵兵马俑。

兵马俑坑是秦始皇陵的陪葬坑，其发现为研究秦朝时期的军事、政治、经济、文化、科学技术等，提供了十分珍贵的实物资料，成为世界人类文化的宝贵财富。兵马俑坑现已发掘 3 座，俑坑坐西向东，呈"品"字形排列，坑内有陶俑、陶马 8 000 多件，还有 4 万多件青铜兵器。

坑内的陶塑艺术作品是仿制的秦宿卫军。近万个卫士或手执弓、箭、弩，或手持青铜戈、矛、戟，或负弩前驱，或御车策马，分别组成了步、弩、车、骑四个兵种。

秦始皇陵在地下坑道中的所有卫士都是面向东方放置的。共有三个陪葬坑，其中1974 年发现的一号坑最大，它东西长 230 米，南北宽 62 米，深 5 米左右，面积 14 260 平方米。长廊和 11 条过洞组成了整个坑。

在一号坑的东北约 20 米的地方，是在 1976 年春天发现的二号坑，它是另一个壮观的兵阵。俑坑平面呈曲尺形，南北最宽处 84 米，东西最长处 96 米，面积 6 000 平方米。二号坑西边是三号坑，南北宽 21.4 米，东西长 17.6 米，面积为 500 多平方米。

一号坑为"右军"，埋葬着和真人真马等大的陶俑、陶马约 6 千件；二号坑为"左军"，有陶俑、陶马 1 300 余件，战车 89 辆，是一个由步兵、骑兵、战车等三个兵种混合编组的方阵，也是秦俑坑的精华所在；三号坑有武士俑 68 个，战车 1 辆，陶马 4 匹，是统率地下大军的指挥部。这个军阵是秦国军队编组的缩影。1980 年又在陵园西侧出土青铜铸大型车马 2 乘，引起全世界的震惊和关注。这些按当时军阵编组的陶俑、陶马为秦代军事编制、作战方式、骑兵步卒装备的研究提供了形象的实物资料。

兵马俑秦俑采用写实手法，神情各异，栩栩如生，展现了古代创造者高超精湛的技艺。艺术手法细腻、明快。陶俑装束、神态都不一样。光是发式就有许多种，手势也各不相同，脸部的表情更是千姿百态。从装束、表情和手势就可以判断出是官还是兵，是步兵还是骑兵。比如，有长了胡子的久经沙场的老兵，也有初上战场的青年。身高达 1.96 米的将军俑，巍然伫立，凝神沉思，表露出一种坚毅威武的神情。武士俑，头微微抬起，两眼直视前方，显得意气昂扬而又带有几分稚气。兵马俑坑内出土的青铜兵器有剑、矛、戟、弯刀以及大量的弩机、箭头等。据化验数据表明，这些铜锡合金兵器经过铬化处理，虽然埋在土里两千多年，依然刀锋锐利，闪闪发光，表明当时已经有了很高的冶金技术，可以视为世界冶金史上的奇迹。

秦始皇兵马俑体现了两千多年前中国雕塑艺术的辉煌成就，为中华民族灿烂的古老文化增添了光彩，也给世界艺术史书写了光辉的一页。

兵马俑的发现被誉为"世界第八大奇迹"，"20 世纪考古史上的伟大发现之一"。现已在一、二、三号坑成立了秦始皇陵兵马俑博物馆，对外开放。

三、华清池

华清池位于西安市东面的临潼区，是唐华清宫遗址之上的一座皇家宫苑。它南依骊山，北面渭水，因其具有丰富的矿物质温泉资源，且为唐明皇与杨贵妃的爱情故事和西安事变的发生地而成为中国著名的文化旅游景区，全国重点文物保护单位。

周、秦、汉、隋、唐等历代帝王在华清池修建离宫别苑。景区仿唐建筑大气恢弘，园林风光别具一格，主要有唐华清宫御汤遗址博物馆、西安事变旧址、九龙湖与芙蓉湖风景区、唐梨园遗址博物馆，有飞霜殿、昭阳殿、长生殿、环园和禹王殿等标志性建筑，有澜汤殿、御汤苑、星辰苑、尚食苑、长汤苑、少阳苑、香凝阁、御膳阁等皇家温泉。

据历史记载，大约在 3 000 年前的西周时代，这里就发现了温泉。冬天利用温泉水在墙内循环制成暖气，每当雪花飘舞时，这里便落雪为霜，故名飞霜殿。相传西周的周幽王曾在这里修建离宫。秦、汉、隋各代先后重加修建，到了唐代又数次增建，名曰汤泉宫，后改名温泉宫。到了唐玄宗时又大兴土木，治汤井为池，环山列宫殿，此时才称华清宫。因宫在温泉上面，所以也称华清池。唐代华清池是帝王妃嫔游宴的行宫，每年农历十月到此，第二年春天才返回。唐天宝六年（747 年）扩建后，唐玄宗每年携带杨贵妃到此过冬赏景、沐浴。据记载，唐玄宗从开元二年（714 年）到天宝十四年（755 年）的 41 年时间里，先后来此达 36 次之多。

华清池经历代战争，原来的建筑都已毁塌，按照历史记载的布局于1959年重建。

今天的华清池，名山胜水更显奇葩，自然景区一分为三，东部为沐浴场所，设有尚食汤、少阳汤、长汤、冲浪浴等高档保健沐浴场所；西部为园林游览区，主体建筑飞霜殿殿宇轩昂，宜春殿左右相称；园林南部为文物保护区，骊山温泉就在此处。

"海棠汤"，俗称"贵妃池"，始建于公元747年，因平面呈一朵盛开的海棠花状而得名。白居易《长恨歌》云："春寒赐浴华清池，温泉水滑洗凝脂。侍儿扶起娇无力，始是新承恩泽时。"杨贵妃在这花朵一样的浴池中沐浴了近十个春秋。

"星辰汤"修建于公元644年，是专供唐太宗李世民沐浴的汤池，池壁造型是南峭北柔，初步推测是工匠模拟自然界山川河流的造型修建的。传说原址上面及四周无遮物，沐浴可见天上星辰，故得此名。而"太子汤"是专供太子沐浴的汤池。"尚食汤"是专供尚食局官员沐浴的汤池。

2007年4月推出的大型实景历史舞剧《长恨歌》，以唐华清宫遗址为背景，以盛唐文化为主题，由白居易诗作中脍炙人口的名篇《长恨歌》改编而成，在除冬季之外的晚上露天表演。所有建筑被动感彩灯、景观灯和彩色灯所围绕，近1 000平方米的水上舞台缓缓浮出九龙湖水面，以全新理念引入的激光辐射、电脑特技、梦幻特效等表现手法，造出李杨二人水乳交融的爱情世界和人与自然和谐相处的梦幻佳境，给观众以视觉和感官上的强烈震撼，成为中国旅游文化创意产业的成功典范。2012年5月推出的多媒体影像剧《玄境长生殿》，成为传统博物馆数字化改造的新模式。

四、大雁塔

大雁塔位于西安市南郊。始建于唐高宗永徽三年（652年）。1961年国务院公布大雁塔为第一批全国重点文物保护单位。

大雁塔在唐代就是著名的游览胜地，因而留有大量文人雅士的题记，仅明、清朝时期的题名碑就有二百余通。大雁塔所在的大慈恩寺是唐代高僧玄奘专门从事译经和藏经之处。玄奘法师从天竺取回佛经，曾在慈恩寺主持寺务，以"恐人代不常，经本散失，兼防火难"，妥善安置经像舍利为由，拟于慈恩寺正门外造石塔一座，遂于唐永徽三年（652年）三月附图表上奏。唐高宗因玄奘所规划浮图总高三十丈，以工程浩大难以成就，又不愿法师辛劳为由，恩准朝廷资助在寺西院建五层砖塔。此塔名雁塔。由于后来在长安荐福寺内修建了一座较小的雁塔，故将慈恩寺塔称作大雁塔，荐福寺塔称作小雁塔，一直流传至今。

大雁塔仿西域窣堵坡形制，砖面土心，不可攀登，每层皆存舍利，历时两年建成。因砖表土心，风雨剥蚀，五十余年后塔身逐渐塌损。武则天长安年间（701—704 年），女皇武则天和王公贵族，施钱在原址上重新建造七层青砖塔。唐末以后，慈恩寺寺院屡遭兵火，殿宇焚毁，只有大雁塔独存。五代后唐长兴二年（931 年）对大雁塔再次修葺。后来西安地区发生了几次大地震，大雁塔的塔顶震落，塔身震裂。明朝万历二十三年（1595 年）在维持了唐代塔体的基本造型上，在其外表完整地砌上了 60 厘米厚的包层，使其造型比以前更宽大，即是现今所见的大雁塔造型。

现存大雁塔是砖仿木结构的四方形楼阁式砖塔，由塔基、塔身、塔刹组成，现通高为 64.517 米。塔基高 4.2 米，南北约 48.7 米，东西 45.7 米；塔体呈方锥形，平面呈正方形，底层各边均长为 25.5 米。塔体各层均以青砖模仿唐代建筑砌檐柱、斗拱、栏额、檀枋、檐椽、飞椽等仿木结构，磨砖对缝砌成，结构严整，磨砖对缝坚固异常。塔身各层壁面都用砖砌扁柱和阑额，柱的上部施有大斗，在每层四面的正中各开辟一个砖拱券门洞。塔内的平面也呈方形，各层均有楼板，设置扶梯，可盘旋而上至塔顶。一、二层多起方柱隔为九开间，三、四、层为七开间，五至八层为五开间。塔上陈列有佛舍利子、佛足石刻、唐僧取经足迹石刻等。

塔的底层四面皆有石门，门楣上均有精美的线刻佛像，西门楣为阿弥陀佛说法图，图中刻有富丽堂皇的殿堂。画面布局严谨，线条遒劲流畅，传为唐代画家阎立本的手笔。底层南门洞两侧镶嵌着唐代书法家褚遂良所书、唐太宗李世民所撰《大唐三藏圣教序》、唐高宗李治所撰《述三藏圣教序记》两通石碑，具有很高艺术价值，人称"二圣三绝碑"。

五、小雁塔

小雁塔位于西安市朱雀门外南约 1 千米的荐福寺内，是著名唐代的佛塔。小雁塔的塔形秀丽，被认为是唐代精美的佛教建筑艺术遗产。小雁塔与大雁塔东西相向，是唐代古都长安保留至今的两处重要的标志，因为规模小于大雁塔，并且修建时间偏晚一些，故而称作小雁塔。

荐福寺原建于唐长安城开化坊内，是唐太宗之女襄城公主的旧宅。中宗文明元年（684 年）皇室族戚为高宗荐福而建造寺院，初名献福寺，天授元年（690 年）改名为荐福寺，是唐长安城中著名的寺院。

唐代名僧义净于高宗咸亨二年（671 年）由洛阳出发，经广州取海道到达印度，经历三十余个国家，历时 25 年回国，带回梵文经书 400 多部。神龙二年（706 年）义净在荐福寺翻译佛经 56 部，撰著《大唐西域求法高僧传》一书，对研究中印文化交流史有很高的价值。

荐福寺内仅存有建于唐景龙元年（707 年）的小雁塔。

小雁塔是密檐式方形砖构建筑，初建时为 15 层，高约 45 米，塔底层每边长 11 米，塔身每层叠涩出檐，南北面各辟一门；塔身从下往上逐层内收，形成秀丽舒畅的外轮廓线；塔的门框用青石砌成，门楣上用线刻法雕刻出供养天人图和蔓草花纹的图案，雕刻极其精美，反映了初唐时期的艺术风格。塔的内部为空筒式结构，设有木构式的楼层，有木梯盘旋而上可达塔顶。明清两代时因遭遇多次地震，塔身中裂，塔顶残毁，仅存 13 层。由于小雁塔的造型秀丽美观，各地的砖石结构密檐塔大都仿效建造，云南、四川等地区的唐、宋时期的密檐塔，虽各具地方特色，但仍可以看出与小雁塔的继承关系。

目前，寺内还保存有一口重达一万多千克的金代明昌三年（1192 年）铸造的巨大铁钟，钟声洪亮。"雁塔晨钟"被誉为关中八景之一。

六、钟鼓楼

西安钟楼位于西安市中心。始建于明洪武十七年（1384 年），原址在今西大街广济街口，明万历十年（1582 年）移于现址，成为一座缩毂东西、呼应南北的轴心建筑。由于楼上悬一口大钟，用于报时，故名"钟楼"。

钟楼整体以砖木结构为主，从下至上依次有基座、楼体及宝顶三部分组成。楼体为木质结构，深、广各三间，系"重檐三滴水""四角攒顶"建筑形式。自地面至宝顶通高 36 米，面积 1 377.64 平方米。基座为正方形，高 8.6 米，基座四面正中各有高宽均为 6 米的券形门洞，与东南西北四条大街相通。楼分两层，每层四角均有明柱回廊、彩枋细窗及雕花门扇，尤其是各层均饰有斗拱、藻井、木刻、彩绘等古典优美的图案，是一座具有浓郁民族特色的宏伟建筑，也是我国现能看到的规模最大、保存最完整的钟楼。屋檐四角飞翘，如鸟展翅，由各种中国古典动物走兽图案组成的兽吻在琉璃瓦屋面的衬托下，给人以形式古朴、艺术典雅、色彩华丽、层次分明之美感。高处的宝顶在阳光下熠熠闪光，使这座古建筑更散发出其金碧辉煌的独特魅力。

从楼北侧台阶而上，一层大厅天顶"万道霞光"的圆形彩绘图案首先映入眼帘，四周伴有 184 块由四季花卉组成的彩绘天花，鲜亮艳丽、栩栩如生。一层大厅的西墙上分别镶嵌着三通碑刻，第一通是 1953 年西安市人民政府翻修钟楼后留下的碑文记载；第二通是清乾隆五年大修后由陕西巡抚张楷书写的《重修西安钟楼记》碑；第三通是由陕西巡抚龚懋贤在钟楼东迁后亲笔题写的《钟楼东迁歌》碑。

中国自古就有"盛世修史，丰年盖楼"之说。历届政府在对钟楼的利用和保护方面做了大量的工作：清代康熙三十八年（1699 年）、乾隆五年（1740 年）和道光二十年（1840 年）分别对钟楼进行了大范围以及大规模的整修，而新中国成立后又大修过五次。

西安鼓楼位于西安城内西大街北院门的南端，东与钟楼相望，是所存的中国最大的鼓楼。始建于明太祖朱元璋洪武十三年（1380 年），清康熙三十八年和清乾隆五年先后两次重修。楼上原有巨鼓一面，每日击鼓报时，故称"鼓楼"。鼓楼和钟楼是一对孪生兄弟，相距仅半里，互相辉映，为古城增色。鼓楼比钟楼早建四年，楼基面积比钟楼楼基大738.55 平方米，通高 34 米，雄杰秀丽不亚于钟楼。

七、古城墙

西安城墙位于西安市中心区，建于明洪武七年到十一年（1374—1378 年），至今已有六百多年历史，是中国历史上最著名的城垣建筑之一，是中国现存最大的、最完整的一座古代城垣建筑。

西安城墙高 12 米，底宽 18 米，顶宽 15 米，总周长 13.74 千米。有城门四座：东长乐门，西安定门，南永宁门，北安远门。每座城门又有正楼、箭楼、闸楼三重城楼。闸楼在最外，其作用是升降吊桥；箭楼在中，正面和两侧设有方形窗口，供射箭用；正楼在最里，是城的正门。箭楼与正楼之间用围墙连接，叫瓮城，打仗时是容纳士兵的地方。瓮城中还有通向城头的马道，缓坡无台阶，便于战马上下。城墙四角都有突出城外的角台。除西南角是圆形，可能是保持唐皇城转角原状外，其他都是方形。角台上修有高大的角楼。城墙上外侧筑有雉堞，又称垛墙，共 5 984 个，上有垛口，可射箭和瞭望。内侧矮墙称为女墙，无垛口，以防兵士往来行走时跌下。城四周环绕着又宽又深的护城河，正对城门处设有可以随时起落的吊桥。吊桥一升起，进出城的通路便被截断。

西安古城墙修建主要是依据防御的意图。城墙的厚度大于高度，非常坚固，墙顶可以跑车和操练。整个城墙包括护城河、吊桥、闸楼、箭楼、正楼、角楼、敌楼、女儿墙、垛口等一系列军事设施，构成严密完整的军事防御体系。

西安城墙能够完整地保留至今，其中还有一段鲜为人知的故事。1958 年夏，在"大跃进"的气氛中，北京和南京的古城墙正在拆除。西安市政府拆掉城墙的决心也已经明确，城墙被拆在即。正当所有的文物保护工作者几近绝望的时候，时任国务院副总理的习仲勋在压力很大的情况下，给国务院文化部打电话，认为西安城墙是我国现存最完整且规模较大的一座封建社会城墙，是文化遗产，应该保存并加以保护。文化部根据习副总理的指示，连夜赶出一份报告，第二天清晨就被递交到国务院，并获得批准。在北京、南京等城市城墙全部被拆除的情况下，西安城墙逃过一劫。

1961 年，西安城墙被国务院公布为第一批全国重点文物保护单位。1983 年，西安市政府结合市政建设整体规划，投资数千万元，开始营建依托明代城墙、护城河、环城林带三位一体的立体化的环城公园。如今的环城公园，以古城墙为主线，护城河环绕，辅以环城绿化，花卉盛开，枝繁叶茂，亭台楼阁，小桥流水，风格古朴、粗犷，具有浓郁地方特色，不仅是西安居民最佳活动场所，更为古城西安增添了无限风光。

八、汉阳陵

汉阳陵位于西安市北郊，地跨西安、咸阳，是汉景帝刘启及其皇后王氏的合葬陵园。陵园平面呈不规则葫芦形，东西长近 6 千米，南北宽 1 至 3 千米，面积约 12 平方千米。由帝陵，后陵，南、北区从葬坑，刑徒墓地，陵庙等礼制建筑，陪葬墓园及阳陵邑等部分组成。帝陵坐西朝东，居于陵园的中部偏西；后陵、南区从葬坑、北区从葬坑、一号建筑基址等距分布于帝陵四角；嫔妃陪葬墓区和罗经石遗址位于帝陵南北两侧，左右对称；刑徒墓地及三处建筑遗址在帝陵西侧，南北一字排列；陪葬墓园棋盘状分布于帝陵东侧的司马道两侧；阳陵邑则设置在陵园的东端。整个陵园以帝陵为中心，四角拱卫，南北对称，东西相连，布局规整，结构严谨，显示了唯我独尊的皇家意识和严格的等级观念。

帝陵陵园南门阙是目前发掘的时代最早、等级最高、规模最大、保存最好的门阙遗址，它的发掘对于门阙的起源、发展，门阙制度的形成、影响，以及中国古代建筑史的研究等有着重要作用。此外，南阙门遗址还出土有目前发现最早的砖质围棋盘、陶质脊兽和最大的板瓦等。

位于帝陵东南、后陵正南的南区从葬坑和帝陵西北的北区从葬坑，占地 96 000 平方米。1990—1997 年，先后对南区的 14 座坑进行了部分试掘或整体发掘，这些坑中有排列密集的武士俑群，有堆放粮食的仓库，还有牛、羊、猪、狗、鸡等陶质动物及成组的陶、铁、铜质生活用具，全面展现了汉代的军旅场景，可能与西汉时期的"南军""北军"有一定关系。

罗经石遗址位于帝陵东南。此处地形隆起，外貌呈缓坡状。根据考古钻探得知，遗址平面近方形，边长约 260 米，外围有壕沟环绕。遗址中心部分的最高处放置着一块方形巨石，当地群众称之为"罗经石"，经测定其为正南北方向。据研究推测，它可能为修建阳陵时标定水平、测量高度和标示方位之用，是目前世界上发现的最早的测量标石。这处建筑遗址地势高亢，布局规整，规模宏大，应该是阳陵陵园中最重要的礼制性建筑之一。

刑徒墓地在帝陵西北约 1.5 千米处，其面积达 8 万平方米，70 年代初被发现，估计葬于此地的刑徒在万人以上。1972 年发掘了其中的 29 座墓葬，发现了 35 具人骨架，其墓葬排列无序，尸骨凌乱，相互枕藉，埋葬草率，均无陪葬品。骨架上大多戴有"钳""钛"等类铁制刑具，有的还有明显的砍斫痕迹。

汉阳陵博物馆是一座建筑风格独特、装饰精美、陈列手段先进的现代化综合博物馆。其建筑采用下沉式结构，充分保护了陵园的整体环境风貌。在 1 600 平方米的展室内陈列着多年来考古发掘出土的 1 800 件文物精品，琳琅满目，美不胜收。

九、碑　林

碑林位于西安市三学街，始建于北宋哲宗元祐二年（1087 年），最初是漕运使吕大忠等人为保藏因唐末五代战乱而委弃市井的唐《石台孝经》《开成石经》及颜真卿、柳公权等所书的著名石碑而兴建的，经金、元、明、清、民国历代的维修及增建，规模不断扩大，藏石日益增多。1961 年被国务院列为全国第一批重点文物保护单位。

西安碑林博物馆是在西安碑林基础上建设的，利用西安孔庙古建筑群扩建而成的一座以收藏、研究和陈列历代碑石、墓志及石刻造像为主的艺术博物馆。馆区由孔庙、碑林、石刻艺术室三部分组成，占地面积 31 900 平方米，现有馆藏文物 11 000 余件，11 个展室，陈列面积 4 900 平方米。收藏碑石、墓志的数量为全国之最，且藏品时代系列完整，时间跨度达两千多年。

秦《峄山刻石》的宋摹本，让今人一睹李斯"画入铁石，字若飞动"的小篆风采。东汉《曹全碑》字体流宕俊美，是我国现存汉碑中最完好的、独具风貌的稀世精品。

魏晋南北朝时期的《司马芳残碑》《广武将军》，北魏《晖福寺碑》，以及于右任先生悉心收藏并于 20 世纪 30 年代捐赠给碑林的《鸳鸯七志斋藏石》中的北魏墓志，都在书法艺术上享有很高的声誉。

隋唐时期的碑刻在碑林中最为壮观，有隋《孟显达碑》《智永千字文碑》，唐虞世南《孔子庙堂碑》、欧阳询《皇甫诞碑》、褚遂良《同州圣教序碑》、欧阳通《道因法师碑》、张旭《断千字文》、李阳冰《三坟记碑》、怀素《千字文》、柳公权《玄秘塔碑》以及僧怀仁集王羲之字而成的《圣教序碑》等，尤其是碑林收藏的颜真卿的七块丰碑，即他 44

岁时写的《多宝塔碑》，54 岁前后写的《臧怀恪碑》，55 岁时写的《郭家庙碑》和《争座位帖》，70 岁写的《颜勤礼碑》，71 岁时写的《马磷残碑》，72 岁时写的《颜氏家庙碑》，可以看到颜体由锋芒锐利、字体端秀向笔力劲健、气韵淳厚的发展过程。僧怀仁花费 24 年心血，从内府藏王羲之墨迹中集字刻成的《圣教序碑》，再现了书圣王羲之秀劲超逸、美若簪花仕女的书风，加之碑文由中国历史上杰出的帝王唐太宗作序，其子高宗李治作记，歌颂了卓越的佛学家、旅行家和翻译家玄奘，被后世誉为"二圣三绝碑"。

唐以后的书法名家黄庭坚、米芾、赵佶、赵孟頫、董其昌、何绍基以至近代的于右任等，也在碑林留下了他们珍贵的诗文墨迹。清费甲铸翻刻的《淳化阁帖》是汇集我国历代书法作品之大成的一部丛帖，为研究我国书法艺术的类别及演变提供了极大的方便。

碑林中的许多碑石还具有重要的史料价值。唐《开成石经》刊刻儒家十二经 114 通，228 面，共 65 万多字，是研究唐代儒学经籍珍贵的实物资料。驰名中外的唐《大秦景教流传中国碑》，记载了基督教聂斯脱里派的教规、教义、在中国的传播及其僧侣在唐朝一百五十多年里的活动情况，碑侧及下部刻有古叙利亚文字的职名，对研究宗教史及古代中西文化交流提供了宝贵的历史资料。唐代书法家徐浩书写的《不空和尚碑》对于研究佛教秘宗的传播和中日、中印文化交流史具有重要价值。此外，碑林还保留有诸如《王维画竹》《达摩面壁》《道因法师》碑座人物像、《兴福寺残碑》碑侧等大量古代石刻图案，其形象生动传神，艺术手法纯熟，文化内涵丰富，因而受到历代艺术家的推崇。

石刻艺术是我国古代灿烂文化中的一个重要组成部分，尤其是汉唐盛世，造型艺术因反映时代精神而大放异彩。汉代石刻的雄劲、简练，唐代石刻的精美、圆润，都表现了中华民族进取、向上的气派和精神，在我国雕刻史上占有突出的地位。

西安碑林石刻艺术室建于 1963 年，匾额七字是由陈毅元帅亲笔所题。室内陈列着汉唐艺术精品七十余件，分陵墓石刻和宗教石刻两部分。

陵墓石刻中的精品有东汉双兽，其造型综合了狮、虎的特点，形象威武、活跃，动作矫健敏捷，以其造型完美、手法熟练、雕刻精致而成为同类作品中的佼佼者。陕北出土的东汉画像石，内容除少数神话传说和历史故事外，大多反映了当时社会生活的侧面，富有浓郁的生活气息。唐高祖李渊的堂弟李寿的墓志为罕见的兽首龟形，国内仅有两件，弥足珍贵。其石椁为一歇山顶式石屋，外部以减底平雕手法刻有四神、文臣武将、仙人骑凤等画面，椁内壁阴线刻乐人、舞伎、男女侍从、天象图等，都是唐代墓室石刻中杰出的作品。唐昭陵六骏浮雕以唐太宗李世民征战疆场所乘过的六匹有功战马为蓝本雕刻而成，作品比例合度，线条明快，高度写实，是唐代石刻艺术中的杰作，可惜其中飒露紫、拳毛䯄两骏早年流失海外，现存美国宾夕法尼亚大学博物馆。唐高祖李渊献陵的石犀重达十吨，全身用几条粗壮的线条勾勒出犀牛的特点，整体比例准确，形象生动逼真。汉唐史书都记载有外国曾向中国赠送活犀的史实，它是古代中外友好往来的纪念物。此外，李小孩石棺、蹲狮、石虎、石羊、卧牛、走狮等也从不同侧面反映出隋唐陵墓石刻写实传神的特点。

宗教石刻有北朝、隋唐佛教造像，形式多样。有浮雕，也有圆雕，反映了古长安佛教造像艺术发展的水平。北魏皇兴造像的弥勒，着通肩式袈裟，丰满圆润，肌肉匀称，衣褶以条棱表现，具有较多的域外风格，其艺术水准令人叹为观止。

隋唐时代的造像艺术则把从北周开始的写实风格又向前推进了一步，在追求立体造型的同时，把传统的线条和装饰性的艺术手法也提高到了一个新的层次，使中国成熟的民族化佛像艺术达到鼎盛。陈列的观音菩萨像、金刚造像都是这一时期的优秀作品，而老君像则是陈列的唯一一件有关道教题材的造像。

西安碑林拥有如此浩瀚的藏品，所以被誉为"东方文化的宝库""书法艺术的渊薮""汉唐石刻精品的殿堂""世界最古的石刻书库"，是国家4A级旅游景点，成为世界文化宝库中的重要组成部分，成为弘扬祖国传统文化的重要窗口。近年来，西安碑林又被列入中国申请世界文化遗产预备名单。

十、陕西省历史博物馆

陕西历史博物馆位于西安大雁塔的西北侧，1991年6月20日落成开放，是中国第一座大型现代化国家级博物馆。这座馆舍为"中央殿堂、四隅崇楼"的唐风建筑群，主次井然有序，高低错落有致，气势雄浑庄重，融民族传统、地方特色和时代精神于一体。馆区占地65 000平方米。建筑面积55 600平方米，文物库区面积8 000平方米，展厅面积11 000平方米。馆藏文物多达370 000余件，上起远古人类初始阶段使用的简单石器，下至1840年前社会生活中的各类器物，时间跨度长达一百多万年。文物不仅数量多、种类全，而且品位高、价值高，其中的商周青铜器精美绝伦，历代陶俑千姿百态，汉唐金银器独步全国，唐墓壁画举世无双，可谓琳琅满目、精品荟萃。

陕西历史博物馆集中珍藏陕西地区出土的珍贵文物37万余件，比较典型的藏品有以下八大类：

（一）青铜器

已登记注册的青铜器有3 900多件。藏品时代上起商周，下止秦汉。种类有礼器、乐器、兵器、车马器、生活用品和生产工具。其中最为典型的是商周青铜器，许多器物

（如多友鼎、师献鼎等）上铸有史料价值很高的铭文。造型较为典型的有先周凤柱斝、西周牛尊、它盉、战国鸟盖瓠壶和汉彩绘雁鱼灯等。

（二）唐代墓葬壁画

唐代墓葬壁画 400 多幅，画面面积 1 000 多平方米，是 1952 年至 1989 年先后从陕西关中地区 25 座唐墓里揭取的。墓主均系唐代三品以上的皇亲国戚和朝廷重臣。画面内容有四神、仪卫、建筑、狩猎、生活及唐与四邻的友好来往等，是反映唐代社会的重要形象资料。我国历代墓葬壁画，不论是出土数量还是艺术价值，首推唐墓，主要集中在唐都长安周围。唐墓壁画真品展每周部分时间对外开放，可观赏国宝级和一级品壁画十余幅，其中主要有章怀太子墓出土的马球图、狩猎出行图、客使图以及懿德太子墓出土的阙楼图、仪仗图、宫女图等。

（三）历代陶俑

已登记注册的历代陶俑有 2 000 多件。藏品时代包括秦、汉、北朝、隋、唐和宋、元、明、清。质地有陶、彩绘陶、釉陶和三彩。艺术形象有文武官员、甲士侍卫、男仆女侍、西域胡人，以及天王、镇墓兽和马、骆驼等各种动物。

（四）历代陶瓷器

已注册的历代陶瓷器有 5 000 多件。有史前仰韶文化彩陶、西周原始青瓷、汉代釉陶、唐三彩、古玻璃、琉璃、唐秘色瓷和宋耀窑青瓷等。器物种类包括生活用品、文具和殉葬明器等。

（五）历代建材

已注册的历代建材有 1 000 多件。藏品时代上起两周秦汉，下至唐宋明清。器物种类有陶制的瓦、瓦当、砖、鸱尾、水道和石刻建材，以及金属建筑构件。

（六）汉唐铜镜

已注册的汉唐铜镜有 800 多件，造型多样，图案精美，有些还铸刻着吉祥语句。

（七）金银玉器

金银玉器，包括淳金望银的铜器。已注册的有 2 000 多件。其中如西周玉制礼器、春秋秦公大墓出土的金啄木鸟、西汉皇后玉玺、金银竹节铜熏炉和 1970 年西安何家村唐代窖藏出土的镶金兽首玛瑙杯、八棱乐伎金杯、鎏金舞马衔杯纹银壶、赤金走龙等，均属举世罕见的精品。

（八）历代货币

已注册的历代货币有 10 000 多件。未清理造册（不包括在总藏品数之内）的尚有 50 000 多枚和近 7 000 千克。种类繁多，有西周贝币、战国刀币、秦半两、西汉金、王五株、王莽时的各种货币、唐金银币以及稀有的古代外币。

除上述八大类外，还有字画、经卷、织物、骨器、木器、漆器、铁器、石器、印章、封泥，以及近现代文物和民俗民族文物。

十一、西安博物院

西安博物院位于西安市朱雀门外南约 1 千米，是西安市的一座集博物馆、名胜古迹、城市园林为一体的博物馆，由小雁塔、文物展馆区、荐福寺三部分组成，以千年古塔园林式遗迹与现代化历史博物馆相结合而闻名，在国内博物馆（院）中独树一帜。2007 年 5 月 18 日西安博物院正式对外开放。

西安博物院的主体建筑——博物馆（文物展馆）整体外观以天圆地方理念创作，突出体现中国传统文化思想，与同院的小雁塔以及荐福寺古建筑群相得益彰、交相辉映。

博物馆的建筑面积 16 000 余平方米，陈列面积有 5 000 余平方米，其余为文物库区及公共活动区。博物院收藏了西安各个历史时期的文物 13 万件，其中拥有国家三级以上珍贵文物 14 400 多件，并有相当一部分文物属于周、秦、汉、唐等中国历史上有重要影响的朝代。用于陈列的文物展品，是在这些藏品中挑选出的文物等级高、代表性强、影响面广的文物。

西安博物院文物展馆的陈列由基本陈列、专题陈列、临时陈列三部分组成。博物院使用了当代科技电子技术及影像、声像技术的展示手法，展览运用了虚拟电子翻书、数字幻影演示、互动展示、文物导航等系列科技手段，虚实结合，丰富展览内容，形象展示文物，演绎古都历史。

十二、八路军西安办事处旧址

八路军西安办事处，现为八路军西安办事处纪念馆，位于西安市区西五路北新街七贤庄 1 号。1937—1946 年期间，八路军西安办事处是中国共产党设在国民党统治区的一个公开的合法机构。其主要任务是：宣传抗日主张，开展抗日民族统一战线工作；招收和输送进步青年去延安，壮大革命力量；为陕甘宁边区和抗日前线领取转运和采购战争物资。抗战时期，来自全国大批的热血青年就通过这里，进入延安。办事处前身为红军驻西安联络处，为全国 15 个八路军、新四军办事处中成立最早、坚持时间最长、影响最大的办事机构，被誉为具有深刻意义和特殊历史底蕴的"红色桥梁"。纪念馆建于 1959 年，1988

年被中华人民共和国国务院公布为全国重点文物保护单位。

其院落因魏晋时代"竹林七贤"的"七贤"二字取名。坐北朝南，共有5道院，内有接待室、会客室、办公室、重要领导人的住房、库房、厨房、电台室、译电室、机要室、救亡室等。馆内收藏有文物460多件、回忆录623篇、照片3 000余张。

一号院是主要办公地点，南北长82米，东西宽17米，占地面积1 300多平方米，由南北两个大小、结构相同的两进院落组成，下设地下室。三、四、七号院隔二、五、六号院依次向东排列，结构与一号院基本相同。二、四号院为办事处下属各部门和工作人员居室，七号院为招待所。

如今，一、三、四、七号院以及周恩来等老一辈无产阶级革命家曾居住、办公的地方和外国友人居住的地方均已复原开放，还开辟了陈列室，收藏陈列当年使用过的文件、证章、电台设备、新闻图片、书刊和烈士手稿、照片等革命文物，为人们了解革命传统提供了直观的资料。

十三、西安事变纪念旧址

西安事变纪念旧址由西安事变纪念馆、杨虎城止园别墅、西安事变旧址组成系列遗址性博物馆。

（一）西安事变纪念馆

馆址设在张学良公馆，位于西安市建国路69号，占地面积7 703平方米。院内共有三幢三层砖木结构小楼及20余间平房。举办有"西安事变史实陈列""千古功臣——张学良将军生平陈列"和张学良旧居复原陈列。

1936年12月12日，爱国将领张学良、杨虎城在西安逮捕了消极抗日、积极反共的蒋介石，爆发了震惊中外的西安事变。事变发生后，中国共产党主张和平解决，以粉碎日本帝国主义和国民党亲日派的阴谋，促成国共合作，团结抗日。12月17日，周恩来受中共中央委托，率领中共代表团赴西安同张、杨协商，与蒋介石谈判，迫使他接受停止内战一致抗日的主张。西安事变的和平解决，成为时局转换的枢纽，实现了由内战到抗战的转变，促进了抗日民族统一战线的形成和发展。周恩来、叶剑英等到西安后，即住在张公馆的东楼，在中楼与张学良、杨虎城会谈，并与南京政府代表宋子文等谈判。

（二）杨虎城止园别墅

止园是杨虎城公馆所在地，位于西安市北大街青年路北侧。建于1933年，主楼为传统宫殿式建筑。西安事变前夕，张、杨在这里密商发动兵谏，周恩来也曾亲临止园商谈，促成西安事变和平解决。目前在旧址内有"杨虎城将军生平陈列"和"杨虎城旧居复原陈列"。

（三）西安事变旧址

西安事变旧址主要由五间厅、兵谏亭等组成。

五间厅位于西安临潼华清池内，1936年10月至12月曾是蒋介石的行辕。五间厅即五间房子，蒋介石住在中间的一间。1936年12月12日晨，蒋介石从这里出逃。

兵谏亭位于西安临潼骊山半山腰，是蒋介石逃出五间厅后爬到骊山的藏身之处。张学良卫队搜山捉住蒋介石后，随即将其送往西安新城黄楼（今在陕西省政府内）。事变之后，当时的国民政府在此处建有"正气亭"，新中国成立后曾一度改为"捉蒋亭"，改革开放后，改为现名。

第二节　多彩旅游：彰显大气文化

一、充满人文风情的遗址公园

作为内陆城市，与其他具有大江、大河、大湖、大海的城市相比，西安的公园景观富有休闲、健康、娱乐的功能，不仅可看，更具可亲近性，是实实在在的城市组成部分。在古代文化与现代文化完美结合的西安城中，公园作为城市生态系统中的重要组成部分，更是不可或缺的，它体现了这座都市的文化和价值取向，在景观上、功能上为西安带来了难以估量的潜在价值。

（一）曲江池遗址公园

曲江池遗址公园位于西安东南，由著名建筑大师张锦秋担纲总设计，在原曲江池基础上于2008年7月1日建成。曲江池占地471亩，水面南北达1088米，东西宽窄不等，最宽处达552米，分上池和下池两部分。

该公园从唐曲江池遗址、秦二世皇帝墓等文物古迹的保护性开发、城市功能配套和区域生态环境建设的角度出发，依托周边丰富的旅游文化资源和人文传统，恢复性再造曲江南湖、汉武泉、宜春苑、凤凰池等历史文化景观，再现盛唐曲江地区"青林重复，绿水弥漫"的山水人文格局，构建集生态环境重建、观光休闲娱乐、现代商务会展等功能为一体的综合性城市生态和娱乐休闲区。

（二）唐城墙遗址公园

唐城墙遗址公园，体现了隋唐长安城的规划框架，通过工程技术手段再现了城墙、城壕、城门、里坊、坊墙、城市街道等要素。公园以城墙遗址为界，充分利用现有树种，通过不同的绿化、铺砌等技术手法将公园划分为"城内"和"城外"不同区域，从外至内，层次分明地表现了护城河、城墙、顺城路和里坊等空间要素。同时，借助各种雕塑的展示，形象地展示出唐朝在科技、文化、贸易、国际交流、城市建设等领域所取得的辉煌成就。

唐城墙遗址公园内设有儿童游乐场、健身娱乐场、棋盘休息区、音乐播放区等多个娱乐设施及景观设计，尤其是公园内的"吟诗坛"，当地人们称之为西安的"回音壁"。站在"吟诗坛"的坛心位置，即使窃窃私语也能回音四起。公园林木茂盛，宛如一条绿色长廊延伸在曲江的东南方。

（三）寒窑遗址公园

寒窑是以王宝钏、薛平贵忠贞不渝的爱情故事为主线的西安著名旅游景点。该遗址建于清朝后期，内设王宝钏祠堂。1985年2月28日正式向游人开放。

寒窑遗址公园是中国第一个大型婚俗婚礼婚仪体验式主题公园。新建设的寒窑遗址项目建设用地为70余亩，紧邻曲江池遗址公园，与大雁塔、大唐芙蓉园和大唐不夜城隔水相望。新建成的曲江寒窑爱情主题文化公园将以寒窑遗址和在此发生的爱情故事为线索，以凸显爱情自主、爱情忠贞为主题，以其丰富的历史文化遗产为基础，结合现代人的情感时尚，给恋爱中的青年男女营造一处定情之所，寓意他们的爱情历久弥坚，同时也为新婚伴侣提供寒窑独具特色的民俗风情婚礼配套服务。

（四）大明宫遗址公园

唐大明宫是东方园林建筑艺术的杰出代表，被誉为丝绸之路上的东方圣殿。大明宫遗址是1961年国务院首批公布的重点文物保护单位，是国际古遗址理事会确定的具有世界意义的重大遗址保护工程和丝绸之路整体申请世界文化遗产的重要组成部分。

大明宫遗址公园按原址3.2平方千米规划建设，既是保护区，也是现代城市生态文化公园。为了保护遗址，院内建设依照国际惯例，不对大明宫建筑进行大规模复建，只是通过史料复原修建了大明宫正南门丹凤门。丹凤门并不是真正的建造，只是在钢结构上挂上板材，做一个模型扣在遗址上，如同世博会西安展馆里展示的那样。

在公园内，一些考古现场对游客开放，甚至允许游客直接参与，使游客对历史的理解不再拘泥于历史教科书。

（五）兴庆宫公园

兴庆宫公园位于西安市城东，原称兴庆坊（隆庆坊）。"名花倾国两相欢，常得君王带笑看。解释春风无限恨，沉香亭北倚栏杆。"李白的这首诗就是写于此。

兴庆宫曾是唐玄宗李隆基的旧宅，玄宗未即位前曾与其兄弟居住于此。从整体布局来看，兴庆宫中间有一座东西向的隔墙，把兴庆宫分为两半，南半部的园林风光为最美。兴庆宫的北半部宫殿巍峨，南雄殿、长兴殿、大同殿隐没林中。

1958 年在唐兴庆宫遗址上修建成兴庆宫公园。其设计既继承了我国民族传统风格，又吸收了国外造园的艺术特点。2008 年，兴庆宫公园免费向公众开放。

（六）汉城湖遗址公园

西安汉城湖遗址公园，位于西安市西北，右岸紧邻北二环、朱宏路，左岸紧靠汉长安城遗址，自大兴路至凤城三路全长 6.27 千米。汉城湖水面最宽处 80 米，最窄处 30 米，湖面 850 亩。

汉城湖原为团结水库，由西库、中库、东库及团结库四个水库组成，始建于 20 世纪50 年代初期，承担着兴庆湖、护城河、老城区和西北郊部分区域的城市排污、雨洪排泄任务，下游通过漕运明渠排入渭河，是西安市城市排洪系统的重要组成部分。近 30 年来，由于设施老化，污泥淤积，昔日水草肥美、鸟鹭翔集的优美景象已不复存在。近年来，随着西安市政建设的加快，对汉城湖及汉城墙遗址大面积开发保护，分期规划建设，再现昔日鸟鹭翔集的优美风光。

（七）革命公园

西安革命公园位于陕西省西安市西五路东段北侧，为省级文物保护单位、"党史教育基地"和"西安市青少年爱国主义教育基地"。革命公园创建于 1929 年，为纪念北伐战争前夕，陕西国民军坚守西安而死难的军民而建。公园占地 150 亩，建有烈士祠和革命亭。1926 年 4 月，北洋军阀刘镇华率军十万人由豫西进入关中，西安军民协同作战，击败刘镇军残部，于 1926 年 11 月解围。12 月，在冯玉祥的倡议下，选择此处，由西安各界人士负土堆积东西大墓各一座，在两墓之间建亭，命名"革命亭"。现在，园内主要有革命亭、忠烈祠、东烈祠、西烈祠、东西大冢以及 1997 年兴建的杨虎城将军铜像、2005年矗立的刘志丹同志汉白玉石像等革命纪念建筑。

（八）西安杜陵遗址公园

杜陵国家遗址公园位于西安曲江二期范围内。杜陵是西汉后期宣帝刘询的陵墓。此地原来是一片高地，滈、浐两河流经此地，汉代旧名"鸿固原"。宣帝少时好游于原上，即帝位后，遂在此选择陵地，建造陵园。杜陵遗址公园以"一心三带"为基准模式，一心包括杜陵遗址核心保护区，三大板块分别为核心文化展示区、杜陵汉代文化综合体验区、明秦王遗址公园。

二、丰富多彩的现代旅游休闲地

（一）大唐不夜城

西安大唐不夜城位于西安曲江新区举世闻名的大雁塔脚下，以盛唐文化为背景，以唐风元素为主线，集购物、餐饮、娱乐、休闲、旅游、商务为一体。不夜城还融进了现代化的元素：琳琅满目的商店鳞次栉比，色彩斑斓的大型数字化高清天幕从天而降，追求时尚的游戏娱乐场所比比皆是，各种雅致的中西餐厅星罗棋布，异国情调浓厚的咖啡厅、比萨屋随处可见。

大唐不夜城的中轴景观大道是一条1 500米的横贯南北的中央雕塑景观步行街，其上分布着盛世帝王、历史人物、英雄故事、经典艺术作品等九组主题群雕，立体展现大唐帝国在宗教、文学、艺术、科技等领域的至尊地位并彰显大国气象。

贞观纪念碑是不夜城的地标性雕塑，由李世民骑马像及周围的附属雕塑组成：中间，李世民威武端坐于高头大马之上，手抖缰绳，欲勒马前行，意气风发；四周，号手、旗手各半的24人仪仗队，鼓手2人及文臣武将各3人，紧密相随。碑体正面雕刻"贞观之治"四字，背面为贞观政要名录数百字。李世民及其坐骑由青铜铸成，总重量约8到10吨。

走进不夜城的夜色中，以李世民、李隆基、武则天等一代帝王、历史人物为主题的大唐群英雕塑，与现代时尚的水景系统、灯光系统、立体交通系统完美结合，加之造型各异、明暗错落的商业化景观灯光四射，高高激起的五彩缤纷的喷泉射灯齐放，让历史与现实高度融合。整个不夜城，华光璀璨，婀娜多姿，创造性地呈现了盛唐的风范和绚烂。

（二）曲江音乐厅

曲江西安音乐厅，是大唐不夜城的一部分。作为西北地区最好的音乐厅，曲江西安音乐厅既承载西安厚重的人文渊薮又立足国际文化交流，是古城西安的又一精品文化设施和文化地标。

音乐厅总建筑面积近1.8万平方米，是交响乐、民乐、轻音乐、流行音乐等音乐演出的专业场所，演奏大厅可容纳1 300余名观众。附属设施包括：商务洽谈和会员接待的商务中心、可供60人录音的大录音室和三个小录音室组成的数字录音棚、咖啡厅、红酒吧、贵宾厅，还有存放了供艺术家使用的德国原厂施坦威和意大利法西奥利三角钢琴及数十架世界名琴、乐器琴房和化妆间等。

（三） 曲江美术馆

西安曲江美术馆也是大唐不夜城的一部分。总建筑面积 1.7 万平方米，是曲江文化产业发展的又一重大项目。西安曲江美术馆是集艺术作品展览、艺术品收藏、国内外艺术交流、艺术研究、美术教育等为一体的大型综合性美术馆。

西安深厚的城市文明，古老的建筑，在时空中渐渐褪去了原本明亮的色彩，但是在一幅幅书画作品里永久地镌刻了下来。西安曲江美术馆建有全国代表性的"市民审美教育基地""儿童美育中心""国家文化交流中心"，在丰富西安市民的文化生活的同时，也塑造着这个城市的气质、思想和灵魂。

（四） 西安世界园艺博览园

西安世界园艺博览园是"2011 西安世界园艺博览会"的主会址，位于西安东北的广运潭。闭园后，改为西安世界园艺博览园，成为主题公园，向世人开放。

"2011 西安世界园艺博览会"以"天人长安·创意自然——城市与自然和谐共生"为主题。会徽和吉祥物均命名为"长安花"，取意"春风得意马蹄疾，一日看尽长安花"。理念为"绿色引领时尚"，倡导"简单而不奢侈，低碳告别高耗，回归自然，不事雕饰，绿色生活成为追求的时尚"。

该园区总面积 418 公顷，其中水域面积 188 公顷；标志性建筑有长安塔、创意馆、自然馆和广运门；主题园艺景点分别为长安花谷、五彩终南、丝路花雨、海外大观和灞上彩虹；并设有灞上人家、椰风水岸和欧陆风情三处特色服务区；同时设置展示来自国内外的精美艺术品、雕塑以及珍禽、珍稀动物等，让人们充分领略园林、园艺、建筑、艺术之美。

"2011 西安世界园艺博览会"是推广展示西安现代、绿色、时尚、美丽新形象的重要平台和窗口。

（五） 曲江海洋馆

西安曲江海洋馆，位于西安曲江新区规划的核心旅游景园区内，西邻闻名中外的大雁塔，南与再现盛唐皇家园林的大型主题公园大唐芙蓉园一路之隔，与曲江南湖、寒窑等文物古迹、人文景观交相辉映。西安曲江海洋馆馆外配套建设的项目包括演艺广场、水面景观、商业、餐饮、休闲、娱乐等设施，占地近 3 万平方米。西安曲江海洋馆由四馆八区组成：海豚表演馆、海洋科普馆、热带雨林馆、海底隧道四馆；入场区、科普区、雨林体验区、海底体验区、中央演艺区、消费服务区、海底大观区、设备区八区。

（六） 大唐芙蓉园

大唐芙蓉园位于西安大雁塔东南侧，占地 1 000 亩，其中水面 300 亩，是全方位展示盛唐风貌的大型皇家园林式文化主题公园。历史上，芙蓉园就是久负盛名的皇家御苑。今天的大唐芙蓉园建于原唐代芙蓉园遗址上，以"走进历史，感受人文，体验生活"为背景，展示了大唐盛世的灿烂文明。2011年1月17日，国家旅游局正式批准西安大雁塔—大唐芙蓉园景区为国家5A级旅游景区。

大唐芙蓉园分为帝王文化区、女性文化区、诗歌文化区、科举文化区、茶文化区、歌舞文化区、饮食文化区、民俗文化区、外交文化区、佛教文化区、道教文化区、儿童娱乐区、大门景观文化区、水秀表演区14个景观文化区，园区各景点每天上演丰富多彩的文化节目，诸如世界非物质文化遗产——《东仓鼓乐》；新一代全球最大水幕电影——《齐天大圣》，集音乐喷泉、激光、火焰、3D为一体，带给游客震撼的立体感觉；主题演出大型梦幻诗乐舞剧——《梦回大唐》，以宏大的气势，典雅华丽的艺术表演，集中展示了唐王朝一柱擎天、辉耀四方的精神风貌，璀璨多姿、无与伦比的文化艺术，再现了大唐盛世的繁华景象。它以独特的文化魅力和无可比拟的历史地位，成为华夏子孙寻根追梦的文化祖庭和重温盛世的精神家园。

（七）秦岭野生动物园

西安秦岭野生动物园，由原西安动物园迁建而成，位于秦岭北麓浅山地带，距西安市区28千米，占地2 000余亩，为省、市重点项目，由西旅集团投资3.6亿元开发建设，2004年5月1日对外开放。秦岭野生动物园是集野生动物移地保护、科普教育、旅游观光、休闲度假等功能于一体的综合性园林项目。

新的秦岭野生动物园，强调自然、清新、朴素的山林野趣，依托秦岭北麓良好的生态环境，实现野生动物大种群保护，以笼养、散养等多种展出模式，展养动物300余种，10 000多头（只），为西北首家野生动物园。

（八）莲湖公园

莲湖公园位于西安市城内莲湖路18号，建在唐代长安城的"承天门"遗址上。明代朱元璋的次子朱樉依这里低洼地势引水成池，广种莲花，故名"莲花池"。1916年辟为公园，称"莲湖公园"，是西安历史最悠久的公园。公园面积60 000平方米，水面占公园面积三分之一，一条通道将湖分为两半，北湖种植了荷花，使"接天莲叶无穷碧，映日荷花别样红"之景色再现游人面前；南湖片片小舟在湖中荡漾，使游人领略到湖光波影的景色之美。公园有曲桥、假山、亭台楼榭多处。曲径幽深，鸟语花香，颇具园林之盛。公园还建有儿童游乐场等服务设施，还经常举办灯展、花卉、盆景等专题展览。

（九）丰庆公园

位于西安高新开发区北侧、桃园南路和南二环交界的西北角处，在原西安老机场旧址上改建而成。公园营建的是现代生态景观与历史文化景观融为一体的皇家园林，仿唐建筑为其主风格。整个公园包括梅竹墨香、佳桂合欢、幽篁雅韵、灿锦集芳、祥湖邀月、霜枫绚秋、樱李颂春、槐荫涵碧等共 9 个景区。主要水景和建筑景观有金湖、博艺馆、艺廊、怡心阁等。

（十）城市运动公园

城市运动公园位于西安城北经济开发区中心位置，占地约 800 亩，是西北地区唯一一个绿色、开放、自由的运动型主题公园，也是亚洲首屈一指的主题公园。西安城市公园以球类运动为主，兼具休闲、游憩功能，注重生态、自然因素，兼顾各层次和年龄人群的休闲和娱乐需求。西安城市运动公园包容了各式各样的文化性与教育性项目，服务于青年、少年、老年以及家庭等不同类别的人群，从而为西安市民、国际游客以及运动员提供一个宜人的天然环境与人文环境。

三、宗教景观

（一）佛教寺院

佛教于东汉永平十年（67 年）传入西安。西安现有佛寺百余所，僧尼约 700 人，信教群众约 8 万人。在中国和东南亚影响深远的八大宗派中，有六个宗派的祖庭在西安市，分别是三论宗祖庭草堂寺、法相宗祖庭大慈恩寺、密宗祖庭大兴善寺、华严宗祖庭华严寺、律宗祖庭净业寺、净土宗祖庭香积寺。西安佛教对日本、朝鲜及东南亚国家的佛教都有重大影响，许多国家的僧人和佛教徒经常来西安的佛教寺院朝拜和交流。其他寺院如青龙寺、兴教寺（全国重点文物保护单位，玄奘圆寂后葬在该寺）、草堂寺（有龟兹国僧人鸠摩罗什舍利塔，还有西安八大景之一草堂烟雾）、隋仙游寺（白居易《长恨歌》写于此）、藏传佛教寺院广仁寺（曾是班禅行宫）等在历史上都有很大的影响。

1. 大兴善寺

大兴善寺位于西安城南小寨的兴善寺西街。大兴善寺始建于晋武帝司马炎泰始至泰康年间（265—289 年），距今 1600 余年。初称遵善寺。隋文帝杨坚开皇二年（582 年），在遵善寺的基础上进行扩建，因寺院在都城大兴城的靖善坊中，故易名"大兴善寺"。

隋唐时代，长安佛教盛行，由印度来长安传教及留学的僧侣，曾在寺内翻译佛经和传授密宗。隋文帝杨坚开皇年间，印度僧人那连提黎耶舍等人曾先后来到长安，住寺内翻译佛经59部，278卷。唐玄宗李隆基开元四年至八年（716—720年），号称"开元三大士"的印度僧人善无畏、金刚智和不空到此传授佛教密宗，大兴善寺因此成为当时长安翻译佛经的三大译场之一，成为中国佛教密宗的发源地，也是中印文化交流史上一个值得纪念的地方。唐武宗会昌年间（841—846年），大举灭佛，大兴善寺亦难逃劫难。

现存寺院建筑沿正南正北方向呈一字形排列在中轴线上，依次是天王殿，内供弥勒菩萨；大雄宝殿，内供释迦牟尼佛、阿弥陀佛、药师佛、十八罗汉以及地藏菩萨；观音殿，内供明雕檀香千手千眼菩萨一尊；东西禅堂，西禅堂壁间的大镜框内装有"开元三大士传略"，是研究大兴善寺的宝贵资料；后殿藏有唐代铜佛像和宋代造像，形态各异，独具风格。后殿为大兴善寺的法堂。大兴善寺既是一座具有悠久历史的佛家寺院，也是一处旅游观光胜地。在繁华而喧闹的古都西安，大兴善寺古柏森森，遮天蔽日，幽静肃穆，是个怀古、思古的好去处。

2. 草堂寺

草堂寺位于西安户县的圭峰山北麓，东临沣水，南对终南山圭峰、观音、紫阁、大顶诸峰，景色秀丽，是国务院确立的汉族地区佛教全国重点寺院。该寺约创建于距今1500多年的东晋末年，是佛教三论宗的祖庭。北周时毁，唐宋以后多次重建。

现存的草堂寺，为东晋十六国时期后秦国逍遥园内的一部分。后秦国王姚兴崇尚佛教，于弘始三年（401年）迎请龟兹高僧鸠摩罗什来长安，初住逍遥园西明阁翻译佛典，后移住此寺。由于鸠摩罗什译经场以草苫盖顶，故得名为"草堂寺"。鸠摩罗什既通梵语，又娴汉文，佛学造诣极深，翻译经律论传94部，425卷，是中国佛教史上四大译师之一。鸠摩罗什首次将印度大乘佛教的般若类经典全部完整地译出，对后来的中国佛学发展起了重要的作用。隋唐高僧吉藏以鸠摩罗什译出的《中论》《百论》《十二门》三部论典为依据，创立了三论宗，尊鸠摩罗什为始祖。草堂寺作为鸠摩罗什的译经道场，因而成为三论宗祖庭。鸠摩罗什圆寂于草堂古刹。时至今日他那精美绝伦的七彩大理石舍利塔还矗立于寺中的竹林前。

3. 青龙寺

青龙寺又名石佛寺，位于西安东南郊铁炉庙村北的乐游原上。李商隐的"向晚意不适，驱车登古原"，指的就是此处。青龙寺是日本佛教真言宗的祖庭。该寺初创于隋文帝杨坚开皇二年（582年），初名灵感寺。唐睿宗景云二年（711年），始称为青龙寺。

青龙寺是唐代密宗大师惠果长期驻锡之地。日本平安朝时期（9世纪初至中叶）大批留学僧人入唐求法，其中以空海最为有名。空海在青龙寺拜惠果法师学习真言密教传，苦心学习中国佛教密宗文化，又努力钻研中国汉学。他学识渊博，造诣深厚，在佛经、诗词、梵文、书法等方面都有很高的成就。公元 806 年他回国后，带走大批佛学经典和其他书籍。空海在日本奈良东大寺建立了日本的密宗——真言宗。设立道场，弘扬密宗，成为日本留学僧人中少有的佛学大师，成为开创"东密"的一代大师。1982 年青龙寺修建了"空海纪念碑"。

1986 年，青龙寺从日本引进千余株樱花树，植于寺院，每年五六月间，樱花盛开，春色满园，姹紫嫣红，十分美丽。

4. 兴教寺

兴教寺是唐代樊川八大寺院之首，也称护国兴教寺，位于西安城南约 20 千米处，长安区杜曲镇少陵原畔，是唐代玄奘法师长眠之地。唐高宗总章二年（669 年）修建了五层灵塔，次年因塔建寺，唐肃宗题"兴教"二字，从此取名兴教寺。现为全国重点文物保护单位。

兴教寺坐北朝南，门内钟鼓两楼夹道对峙，气象庄严。远眺终南山，峰峦叠嶂，景色秀丽，是佛教人士游览和瞻仰玄奘遗迹的胜地。寺内藏有明代铜佛像、缅甸玉佛像各一尊，还有历代经卷数千册。

兴教寺塔又称玄奘灵塔，方形五层砖结构，通高约 21 米，底边长 5.2 米。一层较高，面南辟龛室，内置玄奘塑像；二层以上实心壁面隐出倚柱、阑额、斗拱，叠涩檐下砌两排菱角牙子。塔身收分适度，造型庄重，为早期楼阁式塔的典型作品。两侧弟子灵塔均为方形三层，高 7 米左右。其中"窥基塔"为唐永淳元年（682 年）始建，大和三年（826 年）重建；"园测塔"为北宋政和五年（1115 年）由终南山丰德迁来灵骨时所建。现兴教寺主要建筑有：山门、钟鼓楼、大雄宝殿、法堂、禅堂、藏经楼等。

5. 香积寺

香积寺，位于西安市城南约 17.5 千米的长安区郭杜镇香积寺村，是国务院确定的汉族地区佛教全国重点寺院之一，也是中国净土宗祖庭。唐高宗永隆二年（681 年），净土宗创始人之一善导大师圆寂，弟子怀恽为纪念善导功德，修建了香积寺和善导大师供养塔，使香积寺成为中国佛教净土宗正式创立后的第一个道场。寺院处于潏河与滈河的汇集处，面山临水，东南邻近景色优美的樊川。唐代诗人王维曾写诗赞曰："不知香积寺，数里入云峰。古木无人径，深山何处钟。泉水咽危石，日色冷青松。薄暮空潭曲，安禅制毒龙。"可见这里是一处远离人烟、古木参天、流水淙淙的幽静之所。

唐朝时的寺院规模宏大，有"骑马闯山门"的传说。当时，武则天和唐高宗都曾来此礼佛，并"倾海国之名珍""舍河宫之密宝"，赐给香积寺。寺内现存唐代建造的善导塔，是公元 680 年修建的。塔系青砖砌成，壁厚 2 米，平面正方形，为仿木结构。塔顶因年久残毁，现存 11 级，高 33 米。塔身周围保存有鞍形的 12 尊半裸古佛，雕刻精巧，实为珍品。

6. 华严寺

华严寺是唐代长安城南"樊川八大寺"之一，位于现在西安市南 15 千米的少陵原半坡，是全国佛教重点寺院，第六批全国重点文物保护单位。据《长安志》记载，华严寺建于唐太宗贞观十四年（640 年），是中国佛教八大宗派华严宗的发祥地，为国内外信众朝圣礼拜的圣地。这里风景独特，站在寺中，可俯看樊川，西望神禾原，南观终南山。唐代大诗人李白曾描述道："南望杜陵上，北望五陵间，秋水明落日，流光灭远山。"

7. 卧龙寺

卧龙寺，位于陕西省西安市碑林区柏树林街，是国务院确定的汉族地区佛教全国重点寺院。创建于汉灵帝时（156—189 年）。宋初有高僧惠果入寺住持，终日高卧，时人呼为"卧龙和尚"。宋太宗时（939—997 年）更寺名为"卧龙寺"。1900 年，八国联军入侵北京，慈禧太后与光绪皇帝避难西安，给卧龙寺带来新的繁荣。慈禧太后施银千两重修殿宇，并建立石牌坊一座，宏大精美。慈禧还亲书"慈云悲曰""三乘迭耀"匾额赐寺，并为山门书额。当时西藏、蒙古的喇嘛、王公们千里迢迢送来各类真品、佛像，其中佛像均诏令送卧龙寺供养，所以现在寺内小型佛像甚多。1957 年 7 月 31 日被西安市人民政府列为陕西省第一批重点文物保护单位。

（二）藏传佛教寺院：广仁寺

西安广仁寺又名喇嘛寺，位于西安古城墙内西北角，为国家 AAA 级景区，被国务院列为全国重点寺院，是陕西省唯一藏传佛教寺院。1703 年由清圣祖康熙帝敕建，寓意"广布仁慈"。人们在这里可以体会浓郁神秘的藏传佛教文化。它是藏汉文化交流、民族团结的见证，历史上起着凝聚、促进西北边陲多民族团结的作用。广仁寺建成后，西藏、蒙古、青海、甘肃等地区的活佛、喇嘛路过陕西时，均住寺瞻礼。

广仁寺藏经甚丰。有明正统五年（1440 年）刊刻、清康熙四十五年（1706 年）又续刻刊印的《大藏经》一部，这部藏经为梵本，纸质光洁、书体严整，卷首刻有精美的线刻佛画。每十卷为一函，共 677 函，6 770 卷。每函又按千字文标明序列，用黄色包袱包裹，十分整齐。

由于广仁寺所承为藏传佛教黄教密宗，寺内用藏语诵经咒，每逢农历十月二十四和二十五日，举行纪念宗喀巴成道日灯会，善男信女蜂拥而至，寺内钟鼓齐鸣，梵呗震耳，灯火辉煌，香烟缭绕，十分热闹。

（三）道教文化圣地

道教产生于东汉顺帝时期（约125—144年），距今已有1800多年的历史。道教深深扎根于中华传统文化的沃土之中，广泛吸收了诸子百家的精华思想内容，起源于上古鬼神崇拜，发端于黄帝和老子，创教于张道陵。道教以"道"为最高信仰，以神仙信仰为核心内容，以丹道法术为修炼途径，以得道成仙为终极目标，追求自然和谐、国家太平、社会安定、家庭和睦，相信修道积德者能够幸福快乐、长生久视，充分反映了中国人的宗教意识、性格心理。西安市道教宫观较多，在我国影响较大。

1. 楼观台

楼观台号称"天下第一福地"，是我国著名的道教胜迹，位于西安市周至县东南15千米的终南山北麓。楼观台既有周秦遗迹、汉唐古迹，又有山清水秀的自然风光。古迹主要有老子说经台、尹喜观星楼、秦始皇清庙、汉武帝望仙宫、大秦寺塔以及炼丹炉、吕祖洞、上善池等60余处。风景优美，茂林修竹，绿荫蔽天，古人赞美它："关中河山百二，以终南为最胜；终南千峰耸翠，以楼观为最名。"融自然人文于一体，是人们避暑度假的理想之地。其中老子墓、大秦寺塔为省级重点文物保护单位。

相传西周大夫函谷关令尹喜在此结草为楼，夜观天象，称故宅为草楼观。一日见紫气东来，预感将有真人从此经过。尹喜便守候函谷关。后来果然老子西游入秦，尹喜便迎请老子于草楼观，老子在楼观著《道德经》五千言，并在草楼观楼南高岗筑台授经，故又称"说经台"。

2. 水陆庵

水陆庵位于蓝田县东10千米的蓝水岸，距西安57.5千米，从西安乘汽车至普化下车，南行2.5千米即可到达。水陆庵于1957年被公布为陕西省重点文物保护单位。

水陆庵坐落在一个形似卧鱼的小岛尾部。它三面环水，形似孤岛，有青山耸立，有河水环流，故得名。

彩色泥质壁塑是水陆庵的精华所在，也称"隐塑"或"影壁"，是中国绘画、雕壁合一的艺术形式，多以山水、花卉为题材，并施以色彩，形成圆雕与浮雕相结合的特殊样式，是国内目前保存最大的壁塑群。壁塑群把绘画、圆雕、浮雕、镂刻艺术手段融为一体，在墙、梁、柱上镶满了3 700多尊人物及自然界万物的塑像。件件栩栩如生，个个活灵活现，在方寸之地上映出气象万千。在人物雕塑上匠心独具，尤为突出。立足故事情节，追求场面动感，抓住表情、眼神、动态等细节的变化，以写意而达意境，以塑体而托思，喜怒哀乐的表情跃然壁上。

3. 八仙庵

八仙庵，又称"八仙宫"，位于西安市东关长乐坊内，原为唐代兴庆宫遗址的一部分，现在是古城西安最大的道教庙宇。八仙庵相传建于宋代。元、明、清各代屡次翻修。公元1900年，八国联军侵入北京，慈禧太后和光绪帝逃到西安避难，曾颁发1 000两白银，命八仙庵道长李宗阳修建牌坊，并赐八仙庵"敕建"二字，高悬于庵前门领之上。每逢农历四月十四、十五、十六日，八仙庵都要举行一年一度的庙会。四方香客云集于此，盛况空前。

（四）伊斯兰教礼拜寺

伊斯兰教于唐永徽二年（651年）传入西安，有1 300多年的历史。西安城内西大街以北，是信仰伊斯兰教的回民聚居地区，这里有几座伊斯兰教教徒做礼拜的"清真寺"。

据历史记载，唐代西域回纥族的军队曾助汾阳王郭子仪平定"安史之乱"。唐代宗永泰元年（765年），郭子仪从泾川（今甘肃省泾川县）回长安，跟随他的回纥领袖及将官二百人住在现在城隍庙附近，他们学习唐王朝的法令、制度和汉族的风俗习惯，因此后来把这个地方称作"大学习巷"。由此便知伊斯兰教不仅在唐代已经传入中国，而且在当时的长安城中就有回族人居住。

1. 化觉巷清真寺

化觉巷清真寺又称东大寺，创建于明初，是规模较大的回族伊斯兰建筑。全寺总面积1.3万平方米，建筑面积约6 000平方米，被联合国教科文组织列为世界伊斯兰文物之一。木构、碧瓦、形式宏伟。礼拜的会堂内彩画精致，藻井天花板图案风格别致，保存完好。寺内的其他建筑物，富丽堂皇，具有强烈的古典建筑艺术特点。寺内还保存有清雍正十年（1732年）立的阿拉伯文碑，载有回教历史，是一件珍贵的文物。

2. 大学习巷清真寺

大学习巷清真寺又称西大寺，据说由唐朝开国元勋尉迟敬德监造。寺内大院周围建有雄壮、绚丽的礼拜殿、宣谕台、邦克楼、阿訇斋等。殿内的布置和装饰，都是按照伊斯兰教的规矩，无偶像陈设，也无动物纹样。大院通道两侧各有碑亭，其中有明、清时代重建或增修寺院的碑刻。

（五）基督教堂

从《大秦景教流行中国碑》的记载算起，基督教传入西安市已有1 300多年的历史。建于唐代的基督教景教大秦寺，位于周至县终南山下，楼观台西侧，该寺现仅存一座古塔。目前影响较大的基督教堂有南新街礼拜堂、东新巷礼拜堂等。

1. 基督教南新街礼拜堂

基督教南新街礼拜堂位于西安市南新街，建于 1916 年，现占地 1.53 亩，总建筑面积 2 400 平方米，主要建筑为礼拜堂，2005 年被公布为西安市保护性建筑。

2. 东新巷礼拜堂

东新巷礼拜堂，又称西安东关基督教堂，也被称作英浸礼会礼拜堂，位于西安市长乐坊东新巷 55 号。清光绪十一年（1885 年）、十三年（1887 年）建设，称"中华基督教陕西大会"长安堂会教堂。教堂初建时占地 16 亩，平面呈"凸"形，共占七间房，拱形木架结构。东、西两侧设过廊，各有 18 根砖砌梯形柱，南、北两侧山墙正中辟圆拱形玻璃窗。

（六）天主教堂

天主教亦称"公教"。16 世纪传入中国，其信徒用中国原有词语将崇奉的神译为天主，故在中国称天主教。

1. 五星街天主教堂

五星街天主教堂位于西安五星街，故称五星街教堂，又称天主教西安南堂，全名为圣方济各主教座堂，是西安教区的总堂及主教府。始建于清康熙五十四年（1716 年），是由意大利籍方济格会会士陕西天主教第二任主教梅书升，派意大利籍传教士马戴第主持西安教务时，在城内土地庙什字购地筑院建堂的，成后即为天主教陕西总堂。1765—1785 年间，又由意大利籍方济各会会士天主教第三任主教方启升，在原基础上加以扩充和改建。

2. 通远天主教堂

因位于西安高陵县通远镇，故称通远天主教堂，是陕西最大的天主教堂。始建于乾隆二十五年（1760 年），清代曾是陕西天主教的基地，现存有天主教堂、保赤会、圣母会大楼、神哲学院四处建筑，为陕西省重点文物保护单位。占地面积 1 166 平方米，主体为哥特式尖顶，堂内彩绘圣母、耶稣及天使像。

四、大街小巷

（一）东西南北大街

1. 东大街

东大街，西起钟楼，东至长乐门（东门），因在钟楼之东而得名。它是以钟楼为中心辐射的四条大街中最长、也是最繁华的一条。东大街的历史可以追溯到隋唐时期。这条大街的变迁过程，可以说是西安城市发展史的缩影。

隋开皇二年（582 年）文帝建造大兴城时，这条街是通向新建的子城东城墙中门的大街，由于其位于皇城东墙南门景风门内外两侧，所以被命名为景风门街，距今已有 1 400 多年的历史。

明太祖将次子朱樉封为秦王，镇守西安。同时，下令在西安营建规模庞大的秦王府并扩建西安城，其时拆景风门东移 1 300 米建东门，始统名东门大街。这也是人们常说的东大街 600 年历史。到了清朝顺治年间，因明秦王府萧墙改筑满城（供满族人居住），此街被称为顺城街。

1911 年 10 月 22 日，西安革命党人最先响应武昌首义，满城被战火焚毁。革命领导人张凤翙任陕西省大都督。他凭借官府的力量，利用拆毁满城残余房屋的木料以及拆除满城南墙的砖，对东大街进行了较大整修。

1927 年，改名为中山大街，1953 年改为东大街，1966 年曾一度称东风路，1972 年仍恢复为东大街。老西安的东大街长度 2 150 米，宽度几达 30 米，是当时西安城内乃至西北地区最宽敞的街道。

2008 年年初，西安市委、市政府决定对东大街进行综合整治改造，由碑林区政府具体组织实施。为此，碑林区委、区政府将东大街综合改造纳入到 2008 年碑林区八个重大项目之一，改造后的东大街成为西安一条文化底蕴深厚、建设风格独特、商业布局合理、基础设施完备的历史文化商业街区。

2. 西大街

西安西大街，位于钟楼以西，以方位而得名。东起钟楼，西至西门（安定门），长 1 950 米，是以钟楼为中心辐射出的四条大街之一。

西安西大街建于隋开皇二年（582 年），在皇城中心大街第四横街西段，唐朝最高行政机关尚书省和六部设于东段北侧今鼓楼两侧，秘书省、太常寺、左军领卫、右军领卫、唐朝主管外交的鸿胪寺和接待外宾的鸿胪客馆也在附近。唐代时，在今钟鼓楼广场附近，穿着各种服饰的外国人熙熙攘攘，比现在还热闹。唐以后，宋、元、明、清、民国的地方首府永兴军路、奉元路、京兆府、西安府、民政府（厅）、长安县署等重要衙署均设在此街北侧，与隋唐皇城相对故又称子城，唐后至南宋仍称子城厢正街，中段又称指挥街。现街名启用于明神宗万历年十年（1582 年）。

自古以来，西大街商铺鳞次栉比，商贾云集，成为贯穿古城东西轴线的商业黄金大道。现在西安西大街已形成九大景观广场，整体景观为传统建筑风格，将钟鼓楼与西门串联起来，营造出一条再现盛唐风采，展现西安历史文化，集商贸、旅游、观光、餐饮、文化、休闲等功能为一体的仿古商业街，具有"祥和、大气、欢快、简洁"的格调，充分展现了盛唐风韵。

西大街北侧是回民坊，西安最大的回族聚居区。钟楼西北侧就是鼓楼，中段是城隍庙，西大街西口就是西安明城墙西门，也叫安定门，"安定"二字意为"西部边疆安泰康定"。

在2007年，西安市西大街改造工程全面竣工，进入2007中国著名特色商业街的名单，是中国目前唯一的全仿唐建筑的一条街。

西大街的建设突出仿唐建筑的风格，沿街建筑的形式、色彩、材料以及景观灯的选择都与西大街的仿古特色协调一致，形成富有西安特色的历史街区。此外，在西安市委北边沿西大街一段，形成一个传统仿古风味浓厚的商业地段。西大街仿古一条街对沿街原有和新建建筑都进行了以唐风为主的改造，工程涉及的2 000米长范围内，街道两侧通视走廊内建筑物限高9米，通视走廊以外限高36米，即不超过钟楼的高度。改造时保留了西大街的所有树木，没有出现已往的街道拓宽就挖毁树木的情形。

仿古一条街在鼓楼西侧新建了鼓楼西广场、文化广场；在西城门新建了安定门北广场；恢复了市民盼望已久的西大街城隍庙牌楼，重建城隍庙牌楼是西大街仿古一条街的点睛之笔。

3. 南大街

南大街街道位于钟楼以南，南门以北，东起安居巷，西邻竹笆市，辖南大街、书院门、西木头市、东木头市西段、安居巷等18条街巷，面积为0.49平方千米。民国时期，南大街以商业、金融为主，辅以饮食、土产、山货交易。

新中国成立后，南大街经过几次改造和拓宽，到1993年，已商厦林立，店铺栉比，成为西安市集商贸、饮食、金融、娱乐于一体的繁华地区。

4. 北大街

北大街南段原为隋唐长安皇城安上门街（承天门街）的北段，五代韩建新城时期，由于新开的玄武门位置偏西，北门大街随之西移；而原来的安上门街北段在北宋、金、元时逐渐为民居所占用；直到明初扩改建西安城，才又重新开通北门大街。

现今的北大街南起钟楼，北至安远门，和南大街共同构成城市南北中轴线，是重要的交通干道；东西向的西五路——莲湖路拦腰通过，使得北大街的交通十分繁忙。沿街建筑功能性质多样化，风格、形式不统一，主要有电信业、大型电器连锁、金融业、娱乐业等。由于部分街道高端公寓、银行等机构密布，北大街又被称为金融机构一条街。

（二）回民街

从西安市中心钟楼向西 100 多米、穿过鼓楼门洞，就进入了西安回民历史街区。区内有大小形态各异、年代不一的 10 座清真寺，约 2 万名回民"依寺而居"，保持着原有的宗教传统和生活习惯。西安著名的北院门"小吃一条街"、中国现存年代最早的化觉巷清真大寺，以及中国三大城隍庙之一的西安城隍庙都在区内，以汉族和回族为主的多个民族于此居住生活，呈现出多元化的文化氛围，具有独特的历史与文化价值。

回民街作为饮食集中的街区而出名，这里现在虽然被当作了针对外地游客的旅游点，但其实当地居民一直把这里当作吃小吃、逛街休闲的主要场所，尤其是夏天的夜市，在此吃饭纳凉消磨时间的市民更多。整个"回坊"地区都是饭馆林立，各种各样的清真食肆与摊点密密麻麻连成一片，其中不乏当地人最认可的老字号小店。"回坊"地区除了北院门、大学习巷、西羊市外，还包括大皮院、东羊市、北广济街、桥梓口等一大片区域，老西安人把这一带叫作"坊上"。

（三）书院门

从西安钟楼南行，将至南门往东拐，便是书院门古文化街。街口有一座古韵十足的高大牌楼，牌楼上方是"书院门"三个金色颜体大字，两旁是"碑林藏国宝，书院育人杰"的醒目对联，街道两旁是清一色仿古建筑，街道为青石铺砌。这里能体会到西安不同于别处的城市风景。

书院门的地名起源于在它里面的关中书院，关中书院是明、清两代陕西的最高学府，也是全国四大著名书院之一，西北四大书院之冠。

20 世纪 90 年代初，西安市经过规划设计，把它翻修改造成具有明清建筑风格的文化街，也成了西安的一个的景点。

懂行的人到书院门是看"书"。这"书"涵盖书、画及相关的一切，主要是卖字画、文房四宝的店铺。不仅有许多民间书画爱好者的作品，也有不少名家名作，当然也有赝品。有的主人就在此或写字，或作画，也出售作品，但更多的是享受这种陶冶情操和相互切磋技艺的生活。其中不乏功力深厚、作品绝佳的高人。每年都会有大批书画名家会聚西安，在这里举办各种展览陈列数十次。

（四）德福巷

德福巷位于西安市碑林区南门内湘子庙街北侧，隋唐时期曾经为皇城的一部分。20世纪 90 年代初，开放之风劲吹，这里的茶馆、咖啡馆和酒吧逐渐兴起，并逐步走向繁荣，形成规模。德福巷的出现，既是市场的需求，同时也让人们领略到了西安古文化和现代气息相融合的魅力。德福巷的繁荣与发展，成为古城日益开放的一个写照。如今，德福巷与古色古香的书院门古文化街东西对照，遥相呼应，成了传统文化区中一条最有"洋味"的街道。

（五）大唐通易坊

大唐通易坊位于西安市城南，是仿古建筑一条街。"通易坊"在古代是往来交接、互通交易的商业街市。大唐通易坊街东侧经雁塔西苑与大雁塔北广场相连，西邻小寨商圈，是曲江新区的西大门，与大唐芙蓉园、大雁塔北广场、大雁塔南广场、曲江池遗址公园、曲江唐文化主题区等共同组成了规模宏大、气势磅礴的大唐文化主题区域。整条街建筑都为仿唐式文化庭院，设计精美，层次感强，既突出建筑的整体特色，又显出个性，将西安的新风尚、新时尚与唐风古建筑的元素符号完美结合在一起。

五、风光旖旎的自然山水

（一）骊山

骊山，位于西安临潼区城南，属秦岭山脉的一个支脉，靠着兵马俑博物馆，最高峰九龙顶海拔 1 301.9 米，山势逶迤，树木葱茏，远望宛如一匹苍黛色的骏马而得名。骊山也因景色翠秀，美如锦绣，故又名"绣岭"。每当夕阳西下，骊山辉映在金色的晚霞之中，景色格外绮丽，有"骊山晚照"之美誉。

骊山是中国名山之一，中华上下五千年文化在骊山均留下烙印。其森林景观独具特色，有千亩侧柏林、骊山拧拧柏、八戒显形树等。其山势峻峭的断层地貌别具一格。

（二）翠华山

翠华山风景区，位于陕西西安以南 23 千米秦岭北脉。海拔 2 132 米。面积 1 785 公顷。以"终南独秀"和"中国地质地貌博物馆"著称。翠华山旅游景区由碧山湖景区，天池景区和山崩石海景区三部分组成。翠华山原名太乙山，传说有太乙真人在此修炼得名。自中国秦王朝起，就已是历代王朝的皇家"上林苑""御花园"之地。秦始皇曾经在此狩猎休闲；汉武帝曾在此设立祭天道场；秦圣宫是唐王李世民避暑消夏的行宫。独特的自然景观，丰富的历史传说，两千多年来被人们视为三秦旅游胜地。

翠华山的名称由民间传说而来。相传古时候泾阳县有位姑娘金翠华，美丽善良，勤劳聪明，与邻村潘郎相爱，她的兄嫂却逼翠华嫁给富家子弟。临嫁之夜，"翠华忍泪无一语，月明三更悄离去"，逃入终南山。她的哥哥闻讯赶来，追至太乙山中，见翠华坐在石洞中，急忙上前去拉。突然"霹雳一声山岳崩，地动山摇烟雾腾"，山间出现太乙池，翠华化为神仙而去。从此，人们把这座山称为翠华山。

翠华山山清水秀，景色如画，最引人入胜的是峰顶的湫池。湫池群山环峙，碧波荡漾，清明如镜，纤尘不染。池南的太乙殿，是旧时遇旱祈雨之所。山上有吕公洞、黄龙洞，池北的冰洞、风洞、八仙洞等，都颇有盛名。冰洞在盛夏仍坚冰垂凌；风洞则四季寒风飕飕砭人肌骨；冰洞东南有飞流直下的瀑布，景色壮观。湫池周围，古代曾建有许多庙宇，诸如老君庵、圣母行宫等，虽现已倾圮无存，仍看得出翠华山深远的道家风范。

天池东侧玉安峰海拔 1 668 米，如玉案矗立，颇为俊秀。山上松林茂盛，风过处，松涛阵阵，被誉为"玉安松涛"。山上每年农历 5 月 28 日至 6 月 2 日为翠华姑娘庙会，届时人山人海，热闹非凡。

（三）浐灞国家湿地公园

西安浐灞国家湿地公园位于灞河与渭河交汇口区域，毗邻泾渭湿地省级自然保护区。整个区域分布在灞河的东西两岸，总规划面积约 5.81 平方千米，是浐灞生态区湿地系统的重要组成部分。

2008 年年初，浐灞生态区按照"保护优先、科学修复、适度开发、合理利用"的原则进行开发。建设内容主要包括核心保护区、科普展示区、休闲游览区、管理服务区。退耕还湿面积 40 公顷，自然植被恢复 100 公顷，改造沙坑面积 40 公顷。湿地区域内现有植物 48 科 180 种，动物 27 目 50 科 150 种。建成后的湿地公园，将具有生物群落恢复、污水生物处理、自然水面恢复等多项生态功能，同时也是对"泾渭分明""灞柳风雪""芦荡惊鸿""八水绕长安"等自然历史文化景观的恢复和展示，在生态区乃至西安市湿地生物多样性恢复和生态环境保护方面具有重大意义。

（四）汤峪温泉

汤峪温泉位于西安蓝田县，依山傍水，景色旖旎，是闻名遐迩的避暑疗养胜地。早在唐代该温泉就已著名："桃花三月汤泉水，春风醉人不知归。"汤峪温泉水温 58℃，水质含几十种对人体有益的矿物质，对关节炎、神经性骨痛、消化道、风湿等多种疾病等有一定疗效，同时还能起到舒筋活络、强身健体、润肤养颜、安神定神、抗衰老等保健作用，故有"桃花水""功德水""神水"之说。

（五）楼观台森林公园

楼观台国家森林公园地处西安周至县境内，南依秦岭，北临渭水，东距古城西安 70 千米，是西安著名的十大旅游景区之一。

楼观台国家森林公园建于 1982 年，是我国最早批建的全国 12 个森林公园之一，1992 年晋升为国家级森林公园。公园面积 41 万亩，规划为东楼观、西楼观、田峪河、首阳山四大游园，12 个景区，拥有人文、自然、动物、植物景观 208 个，园内有我国北方纬度最高、规模最大，品种最多的竹类品种园——百竹园；珍兽馆里有抢救繁育的国宝大熊猫、朱鹮、金丝猴、褐马鸡、金毛扭角羚等珍稀野生动物；有井深 1 700 余米，日出水千吨，富含 18 种有益人体矿物成分的温泉水服务系统；有木本、草本植物 78 科 197 属千余种，各种竹子 18 属 150 余种，是陕西人文、自然结合俱佳的生态旅游区。

（六）太白山森林公园

太白国家森林公园东距西安 110 千米，由龙山、凤山、凤泉三大景区、洞天福地景区、九九峡景区、仙桥谷景区、开天关景区、观云海景区等多个景区构成，风景秀丽，千年古树，名木花卉，蔚为壮观。

（七）王顺山国家森林公园

王顺山国家森林公园位于西安蓝田县，面积 3 645 公顷，森林覆盖率 89.5%，主峰玉皇顶海拔 2 239 米。这里既有华山之险的阳刚之美，又有黄山之秀的妩媚娟丽。王顺山生物种类多，有植物 870 种，垂直带谱比较明显，依海拔高度分布有：白皮松景观林、侧柏景观林、红桦景观林、杜鹃景观林。四季景观各异。

王顺山山景、天景、林景、水景、空间层次重重，景物深远不尽，四季赏景各有诗意，春天山花烂漫，百花争艳；夏天林荫蔽日，凉爽宜人；秋天满山红遍，色彩斑斓；冬天冰雕雪堆，银装素裹，使人心旷神怡，流连忘返。

（八）朱雀国家森林公园

朱雀国家森林公园位于西安市户县南部东涝河上游，秦岭北侧，距西安市 74 公里，总面积 2 621 公顷。公园内的山为北秦岭褶皱带的组成部分，前山沟道开阔平坦，森林茂密，山环水绕、秀丽异常。后山峰峦层叠、山势峻峭，孤峰入云、岩石奇巧，瀑布潭间如飞龙串珠，无数奇崖怪石掩映在密林巨树、奇花异木之中，构成了一幅天然的山水画卷。园内动植物资源丰富，品种繁多，共有各类植物 580 种，属国家级珍稀濒危植物有连香树、领春木、金钱槭、华榛、花楸等；中药资源丰富，有天麻、贝母、猪苓等 340 种；野生动物有兽类 18 种，鸟类 19 种，属国家保护的一、二类动物有牛羚、苏门羚、金钱豹、红腹角雉、大鲵，等等。

（九）黑河森林公园

黑河森林公园位于西安周至县境内黑河源头，公园面积为 4 941 公顷，森林覆盖率 95%。园内有野生植物约 1 700 种，其中仅种子植物就有 110 科 445 属 971 种，属国家二级以上重点保护的野生植物有 12 种。公园有野生动物 248 种，属国家一级重点保护的野生动物有大熊猫、川金丝猴、羚牛、豹、林麝、金雕 6 种。著名景观有松林听涛、花溪春潮、迎客松等。

　　黑河森林公园现已形成了"黑河清幽""一线天深""瀑布高悬""四湖联珠""南天浮云""象鼻吸虹""老城熊猫""林海苍茫"等八大景观，即使在盛夏也如秋天一般凉爽。园区内四时各有美景，被誉为"北方的香格里拉"。

风韵西安
FENGYUNXIAN

第六章

走向未来：传承与创新之径

文化是一个民族的灵魂。西安具有悠久的文化历史底蕴，承担民族文化振兴的历史使命，薪火相传，责无旁贷。

在城市的飞速发展中，经济建设和文化建设往往不能同步，特别是对文化遗产的保护，往往得不到重视，甚至很多悠久的文化遗产被当作经济发展的绊脚石。如何在经济建设和文化建设之间找到平衡点，彼此相互促进，协调发展，这是世界性的经济建设和文化建设的重大课题。

近几年，伴随着中国改革开放的步伐，西安在这一重大课题上有了决定性的突破。一方面，紧紧抓住经济发展这根主线，以经济建设为中心，坚持发展是硬道理；另一方面，改变以往单纯保护文化遗产的做法，将文化遗产的开发与保护结合。利用开发引进的资金保护，在保护的基础上进行人文挖掘和商业挖掘，进而创造更多的商业和旅游价值，两者形成良性循环。西安通过旅游产业、文化产业的发展，创造出国家遗址保护的示范区，如大明宫遗址公园、寒窑遗址公园、曲江池遗址公园、唐城墙遗址公园等。特别是在环绕大雁塔遗址的周边地区，建设了大唐不夜城、雁塔西路美术一条街等新的城市文化、商业、旅游景观，创造极高的商业利润，形成了全新的西安文化品牌，延伸和丰富了西安的城市形象。

一座古老而又年轻的城市正在映入世人的眼帘。

第一节　古都蝶变：气象万千的都市新姿

西安不仅仅是古老的，更是青春的；不仅仅是一座拥有丰富历史文化积淀的古老城市，更是一座蓬勃发展、充满活力与希望的崭新城市。今天的西安，已是我国重要的科研教育、国防工业、制造业和高新技术产业基地。

一、西安建设国际化大都市的新格局

西安是继北京、上海之后上升为国家层面建设的第三个国际化大都市。近年来，西安积极抓住中央深入推进西部大开发战略和实施《关中—天水经济区发展规划》等重大机遇，坚持以开发区带动为抓手、以塑造城市特色为重点、以主导产业为支撑、以改善民生为目的，着力推动科学发展，建设人民满意城市，走出了一条内陆中心城市加快科学发展的新路子。

现代西安交通畅达，区位优势明显。西安地处中国陆地版图中心和我国中西部两大经济区域的结合部，是西北通往西南、中原、华东和华北各地市的门户和交通枢纽。在全国区域经济布局上，西安作为新亚欧大陆桥中国段——陇海兰新铁路沿线经济带上最大的中心城市，是国家实施西部大开发战略的桥头堡，具有承东启西、连接南北的重要战略地位。西安是全国连接南北的"大十字"网状铁路交通和陕西省"米"字形铁路交通的重要枢纽，是全国干线公路网中最大的节点城市之一、中国六大航空枢纽之一、六大通信枢纽之一，枢纽城市的特点十分突出。

现代西安科技发达、创新力强。综合科技实力居全国城市前列。目前，西安市拥有普通高等院校 49 所，拥有各类科研机构 3 000 多个，各类独立科研机构 661 个。其中国家级重点实验室、行业测试中心 44 个，在校大学生 63.22 万人，各类专业技术人员 41.77 余万人，每年硕士、博士毕业生 1 万人以上。有 45 名两院院士，拥有许多国家乃至世界一流的科学家。全市大专以上学历人口 82 万，占全市总人口的比例为 10.92%，列全国第一。全市 18 岁以上成人接受教育比例居全国第一。这里聚集了中国航天三分之一以上的力量，"神舟"五号、六号火箭发动机和推进剂、箭载计算机和遥感装置等，都是西安研究制造的。2009 年全市专利申请量达 12 772 件，科技对经济增长的贡献率达到 51%。

改革开放以来，特别是西部大开发战略实施以来，西安的发展不断加快，经济社会进入了提速、提升的新阶段，城市面貌也发生了日新月异的变化。西安目前已建成了以机械设备、交通运输、电子信息、航空航天、生物医药、食品饮料、石油化工为主的门类齐全的工业体系，培育了高新技术产业、装备制造业、旅游产业、现代服务业、文化产业等五大主导产业，形成了高新技术产业开发区、经济技术开发区、浐灞生态区、曲江新区、西咸新区、国际港务区、阎良国家航空高新技术产业基地、西安国家民用航天产业基地八大发展平台。其中，高新区已被国务院确定为六个创建世界一流科技园区的开发区之一。经开区、曲江新区是两个国家级文化产业示范区。这些开发区（基地）是西安主导产业的集聚地，是引领全市经济发展的增长极和现代化城市建设的示范区。

二、"五区一港两基地"打造全新现代都市

近年来，特别是在"十一五"期间，西安经过产业的创新和发展，从企业的数量、规模、影响力、市场活跃程度等方面考量，西安的文化产业的发展在依托原有优势行业的基础上，逐渐成为西北，乃至西部的文化产业辐射中心。

经过几年的培育和发展，西安文化产业布局的几个重点区域已经初步形成了产业聚集

的态势：以盛唐文化为主要内容的曲江综合文化产业；高新区的创意产业以及经济开发区的印包产业基地等，并逐步形成了各自的区域品牌。这些产业集群，发挥了地区资源共享优势，使资源在产业集群内具有更高的运用效率，同时也提高了产业的整体竞争能力。区域品牌的共享大大增强了集群内企业的比较竞争优势。创造产业集群效应，凸显产业集群优势，这是西安文化产业发展的一个特点，也是将来整个文化产业发展的一个方向。

（一）西安高新技术产业开发区

西安高新技术产业开发区于 1991 年 3 月经国务院批准设立，位于西安市西南郊。1994 年以来，综合指标一直位居全国 54 个国家级高新区前列，2001 年被列为"十五"期间重点建设的五个国家示范高新区之一；2002 年被联合国工业发展组织考察认定为六个"中国最具活力的城市和地区"之一；2006 年被国家确定为六个重点建设的世界一流科技园区之一，成为西安最大的经济增长极和陕西省对外开放的窗口。目前，已有 30 余个国家和地区的外商投资及港澳台投资企业 800 余个，其中世界 500 强企业有 60 余个。全区有经认定的高新技术企业 1 310 个，累计转化科技成果 8 000 余项，其中 90% 以上拥有自主知识产权。在纪念国家火炬计划实施 20 周年大会上，西安高新区被国家科技部评为"火炬计划先进管理单位"。

（二）西安经济技术开发区

西安经济技术开发区成立于 1993 年，2000 年 2 月被国务院批准为国家级开发区，2002 年 6 月设立国家级出口加工区。全区由中心区、泾渭工业园、草滩生态产业园和出口加工区四个功能园区组成，总规划面积 71.06 平方千米。目前，已有境外世界 500 强企业 26 个、国有大型企业 14 个、国内行业龙头企业 60 余个进驻，有力地促进了商用汽车、电力电子、食品饮料、新材料、光伏半导体、风电设备、兵器科技、服务外包等主导产业的发展，实现了经济规模与效益的同步增长。

（三）西安浐灞生态区

西安浐灞生态区位于西安北郊，成立于 2004 年 9 月。规划总面积 129 平方千米，北至渭河南岸，南抵绕城高速，西起西铜公路，东至西康铁路，包括浐河、灞河两河四岸的南北向带状区域，其中集中治理区 89 平方千米。按照总体规划，浐灞生态区的建设将分三期推进：一期重点包括浐河、灞河城市段综合治理和以浐灞三角洲为核心的 50 平方千米中心区的建设，从 2005 年起大约用 10 年时间完成。二期重点建设"两原夹一川"（杜陵原、白鹿原夹浐河川道地区）约 10 平方千米的南区，从 2008 年起到 2015 年基本建成。三期重点建设北绕城高速以北的北区和浐灞沿河经济带。通过流域综合治理、生态重建和开发建设，逐步在生态区范围内建成若干城市组团。预计到

2020 年，人口将达到 55 万，基本建成集生态、会展、商务、休闲、文化、居住等功能为一体的城市新区。

（四）西安曲江新区

曲江新区位于西安市东南，是陕西省和西安市确立的以文化产业和旅游产业为主导的城市发展新区，核心区域面积 40.97 平方千米，同时辐射带动大明宫遗址保护区、法门寺文化景区、临潼国家旅游休闲度假区和楼观台道文化展示区等区域，区域总面积近 150 平方千米。曲江新区践行陕西"文化强省"战略和"文化立区、旅游兴区"理念，充分依托陕西、西安大文化、大旅游、大文物的优势，以城市运营收益大力投资文化产业和公共设施，以大项目为带动，文化产业、公共文化事业和城市新区建设呈现出齐头并进、协调发展的良好态势，迅速成为西安乃至全国文化产业发展的新亮点。

（五）西咸新区

西咸新区位于西安、咸阳两市之间，东距西安市中心 10 千米，西距咸阳市中心 3 千米。西起茂陵及涝河入渭口，东至包茂高速，北至规划中的西咸环线，南至京昆高速。规划区总面积 882 平方千米，其中规划建设用地 272 平方千米，包括空港新城、沣东新城、秦汉新城、沣西新城、泾河新城五个组团。区内现状人口约 90 万，城镇化水平 23%。行政区划涉及西安、咸阳两市的 7 个县（区），23 个乡镇（街办）。

西咸新区建设是加快推进西安咸阳一体化、建设西安国际化大都市的重大战略决策，是《西部大开发"十二五"规划》确定的西部地区重点建设的五大城市新区之一。新区区位条件优越，可开发利用环境好，科教资源丰富，文化资源富集，有较好产业基础。规划到 2020 年年末，人口规模达到 236 万人，国内生产总值总量达 1 700 亿元。未来的西咸新区，将成为引领内陆型经济开发开放战略高地，西安国际化大都市的主城功能新区和生态田园新城，彰显历史文明、推动国际文化交流的历史文化基地，统筹科技资源的新兴产业集聚区以及城乡统筹发展的一体化建设示范区。

（六）西安国际港务区

西安国际港务区位于西安东北部灞河与渭河之间的三角洲地带，规划控制区面积 120 平方千米，规划建设区面积 44.6 平方千米，是陕西省委、省政府和西安市委、市政府重点发展的区域，也是国家深入实施西部大开发战略和《关中—天水经济区发展规划》中明确支持发展的重点区域。发展定位是建设"中国最大的国际型陆港和黄河中上游地区最大的商贸物流集散中心，打造现代服务业新城"。

园区规划形成六大功能主轴（绕城高速—北三环路、西禹高速、规划机场高速联络线、草临路、纺渭路及港务西路），八大功能分区（集装箱作业区、综合保税区、国内贸园区通过将沿海的港口口岸服务功能内移至西安，借助西安铁路集装箱货运中心站、西安综合保税区、西安公路港的功能叠加效应，实现公（路）、铁（路）、空、海等多式联运的便捷、高效运转，从而有效发挥西安的交通枢纽优势，提高物流效率，降低物流成本，以大物流带动服务业的大发展，推动产业聚集和提升。

（七）西安阎良国家航空高新技术产业基地

西安阎良国家航空高新技术产业基地（以下简称"西安航空基地"）位于西安北部的阎良区，于2004年8月由国家发展和改革委员会批准设立，是国内首个国家级航空高技术产业发展平台。目前，累计注册企业达300余家，产业配套能力日益增强，产业集群规模日益壮大，产业聚集带动效应日益凸显。

西安航空基地的目标是打造中国最适合发展民用航空产业的区域。区内有全国著名的西安飞机工业（集团）有限责任公司、全国著名的大中型飞机设计研究院中航一集团第一飞机设计研究院、全国唯一的中国飞行试验研究院。研制生产的大中型轰炸机"轰六"、运输机"运七"、歼击轰炸机"飞豹"、支线客机"新舟60"和"新舟600"，改装俄制伊尔大型预警机等30多种军民用型号飞机，闻名于全世界。中国的各种新型飞机全部在这里进行试飞。目前，众多企业正在参与研制中国第一代大型客机C919。

（八）西安国家民用航天产业基地

西安国家民用航天产业基地位于西安南郊，是陕西省政府和西安市政府联合中国航天科技集团公司，共同建设以航天民用产业为主导的高技术产业聚集区之一。规划面积23.04平方千米，预留48.79平方千米的发展空间。2006年11月30日，西安航天科技产业基地管委会正式成立，基地进入全面开发建设阶段。该基地是全国最大的民用航天科技产业基地，也是陕西省大力发展以先进半导体照明和太阳能光伏产业的核心区域。它以"航天产业立区，高新产业兴区"为发展定位，着力发展以民用航天、太阳能光伏—大功率半导体、服务外包等产业，规划建设核心区、研发区、工业区、物流区、居住区五大功能区，正在培育陕西新的经济增长极，建设以科技、人文、生态为主导的三位一体新型工业区，打造一个技工贸收入为3 000亿元的高技术产业新区。

第二节 薪火传承：沉雄博大的历史文化与华彩艳丽的现代文明相融合

城市的文化建设是衡量一个城市是否具有实现跨越式发展和长治久安的实力的标准。西安把文化建设纳入城市建设以传承和延续历史文脉，采取了经济建设与文化建设同步发展，文化遗产的开发与保护相结合的做法，以文化引领产业发展，为西安经济和文化的发展，确定了高瞻远瞩的战略决策。

文化让城市更具活力。城市的真正本质，是成为人的生活和精神的家园；城市的真正归宿，是现代技术与传统文化的水乳交融。城市的发展，应该以文化为灵魂，不断传承文化，大力彰显文化。

西安文化产业极为突出的区域是作为全国文化产业示范区的曲江新区，其他区域文化发展也极为迅猛。比如，高新区利用科技资源优势致力于发展文化创意产业；经济开发区草滩国家级印包基地建设正迈向产业纵深；浐灞生态区正全力建设生态文化典范；航天基地、国际港务区、西咸新区等城市新区也在寻找与文化产业的最佳契合点。

一、西安曲江文化模式异军突起

近年来，西安曲江新区的发展引起了全国性的关注，特别是其文化的深度开发和挖掘并引领经济发展的方式被誉为"曲江模式"。"曲江模式"的核心内容可以归纳为"文化＋旅游＋城市"，展现模式是"盛唐风韵＋现代时尚＋娱乐消费"。这是曲江文化产业的主要特点。

近一段时间，曲江新区游客如云，赞誉如潮，传统文化理念的深度渗入与现代经营利润的高效获取达到完美结合，获得了双赢。

（一）曲江新区在文化产业发展上呈现的特征

1. 发展产业的定位清晰

曲江新区在建立之初就有一个清晰的发展定位：通过凸显盛唐文化，以重大项目为载体，以资源整合为手段进行开发建设。

目前，曲江新区已经形成核心区和辐射区几大板块，包括大雁塔景区、大唐芙蓉园、曲江海洋世界、曲江池遗址公园、唐城墙遗址公园、唐大慈恩寺遗址公园、大唐不夜城等一批重大文化旅游项目,还有大明宫遗址保护区,西安城墙景区、法门寺文化景区、临潼休闲度假区、楼观台道文化展示区等,面积达 126 平方千米,跨区域发展大格局已经形成,受到了国内外有关专家和广大民众的好评。

2. 坚持集团化发展策略

曲江新区从 2004 年开始,组建了曲江文化产业投资集团,截至 2010 年,集团麾下已经有 8 个子集团(公司),总资产达 170 亿元,成为曲江及西安市文化产业发展的核心力量。2013 年,在国家的有关排名中,曲江文化产业投资集团以 2012 年 81 亿元的产值,位列中国文化科技类产业第六位,陕西省第一位。

目前,曲江文化产业投资集团下属八大集团是:大明宫集团、法门寺集团、影视集团、演出集团、文旅集团、会展集团、建设集团、大唐不夜城文化商业集团。走集团化发展路线为曲江文化产业的发展规避了一定的市场风险,为产业的发展提供了良好的环境。

3. 推出招商组合扶持政策

近年来,曲江新区进一步加大了文化产业扶持力度,推出了"文化基金 + 贷款担保 + 风险投资 + 财税补贴 + 房屋补贴"五大举措,成为全国最佳文化产业发展孵化平台。曲江新区以陕西文化大厦、曲江文化大厦、智慧大厦、文化产业孵化中心等基地为依托,快速聚集了近 1 000 家文化类企业,涵盖会展、影视、演艺、动漫、出版、传媒、网络、美术、创意设计和广告等 20 多个门类和行业。同时,万科集团、银泰百货、申华集团、和记黄埔、华侨城等海内外上市公司也争相投资曲江,使曲江新区成为各大企业战略投资的热点区域。

4. 积极建设融资平台

面对国内外复杂的金融形势,曲江新区积极创新融资形式,通过股权合作、文化企业银行间短期债券等模式,不断拓宽融资渠道。中国第一个发展基金"开元城市发展基金"成功挂牌,西安中央商务区和临潼国家旅游休闲度假区两个重大项目成功签约,投资总额达 165 亿元。第十四届中国东西部合作与投资贸易洽谈会(简称"西洽会")期间,曲江新区成功签约重大项目 32 个,投资总额达 870 亿元,其中,文化旅游类项目资金达 200 亿元,并首次超过高新区、经济开发区名列全市第一。融资平台的建设,为曲江新区实现可持续发展提供了坚实的资金保障。

5. 创新文化体制

"十一五"期间,曲江新区通过控股陕西文化产业投资控股公司,文化场馆实施"国有民营"运营模式,激发了文化产业蓬勃发展的活力。依靠资本杠杆,引入市场机制,全面完成了秦腔剧院"事转企"改革,荣获"全国文化体制改革先进企业"称号,成为全国文化院团改革的新模板。

曲江新区代表西安市出资 11.4 亿元控股运营陕西文化产业投资控股（集团）有限公司，赢得了全省范围内整合文化、旅游资源的广阔平台，开始全面扩展，形成新的文化产业亮点。通过实施"国有民营"运营模式、创新机制，成功运营大唐不夜城三大文化场馆：西安音乐厅成功举办多场大型音乐会；西安美术馆成功举办各种美术展览；曲江电影城观众如云。

（二）曲江新区推进城市运营新模式

曲江新区站在宏观角度上，积极改革，逐步走出了一条引领发展潮流、适合区域实际的城市运营创新发展新路。曲江新区推进城市运营的模式，主要包括四个方面内容。

1. 以城市资源为依托

曲江新区在发展中充分发挥政府公共资源配置和城市规划管理职能，运用城市经营手段，超前规划并率先构建体系完备、功能完善、具有国际水准的城市基础设施框架，促进城市资源尤其是土地资源的价值提升。同时，凭借区域优越的资源、独特的人文传统和良好的区位条件，在充分调研和科学论证的基础上，规划建设了一批内涵丰富、影响大、示范性强、市场前景广阔的文化旅游项目，促进城市资源价值的再次提升。

2. 以文化项目为动力

曲江新区在城市开发运营中，注重对盛唐文化的挖掘和展示，围绕唐文化精心打造了一系列文化工程。最具说服力的就是文化项目与地价的关系。这几年，曲江不断从历史和城市的角度研究挖掘城市文化资源，使众多历史文化遗产从隐性资源成为"显性"景观，使文物转化为文化，使遗址转化为"胜迹"，打造了一大批文化工程，也使区域的整体价值快速提升。

3. 以文化产业为支撑

产业是城市运营的灵魂。曲江新区不失时机抓住文化产业的发展机遇，大力发展文化产业，目前已初步形成了以文化旅游、会展创意、影视演艺、出版传媒等产业为主导的文化产业体系。在现阶段曲江区域产业结构雏形中，主导产业是文化旅游业。在未来几年，曲江新区的发展趋势将由文化旅游、影视、会展、演艺、传媒形成的文化产业群来带动整个区域经济的发展。

4. 以品牌扩张为模式

目前，曲江新区正在实施"200 亿打造西部第一文化品牌"工程，发展旅游、影视、会展、演艺、出版传媒、广告等文化产业集群，从而形成以曲江、曲江文化、曲江文化产业投资集团为代表的现代文化产业品牌。目前，西安曲江新区已相继介入法门寺、楼观台、大明宫等区域的整体保护与开发，在西安城市运营实践中发挥着越来越重要的作用。

二、西安高新区文化产业拓展新路

（一）探索产业融合道路

在产业导向上，高新区尝试文化创意与科技创新融合。利用区域内企业的整合和招商引资兼顾的形式，将科技创新能力与当地丰富的文化资源实现有效的嫁接，让古老的传统文化插上现代科技腾飞的翅膀，让千年的文化积淀焕发出新的活力。

（二）拓展园区建设思路

在产业空间布局上，面对土地资源日益紧张的现状，园区建设坚持以文化创意产业聚集区建设为重点，创新产业空间模式，构建虚拟园区，促进企业快速集聚，走创意产业聚集区和虚拟园区建设的新路。

三、西安浐灞生态文化营造宜居新城

在生态文明建设这一发展路径指引下，西安浐灞生态区经过多年努力，开创了一条生态治理与城市建设的共赢之路。区内基础设施趋于完善，产业条件逐渐成熟，浐灞生态区已进入加速提升新阶段，经济社会发展呈现出前所未有的蓬勃态势，成为西安最具发展活力的区域和创业投资的首选之地。

良好的生态环境和完善的基础设施，为西安浐灞生态区发展产业奠定了坚实基础。浐灞生态区先后引进新加坡淡马锡、德国麦德龙等世界500强企业8家，引进国内知名企业9家，引进陕西出版集团数字出版基地等重点产业项目40多个，总投资超过千亿元，初步形成了集群化、高端化、国际化的现代服务业发展格局。

以金融商务区为示范，浐灞生态区的板块园区发展也愈加成熟。目前，商贸园区、总部经济园区、湿地园区、雁鸣湖园区等纷纷由主导大项目带动，成为撬动区域经济发展的重要板块。

浐灞生态区坚持突出"绿色、环保、低碳、休闲"的理念，重点打造以金融服务为核心，以旅游休闲、现代商贸、会议会展为支撑，以文化创意为特色，以战略性新兴产业为补充的产业体系。省委政策研究室调研组分析认为，加快经济发展方式转变是我省一批城市当前和今后一个时期面临的重大任务，其核心是产业结构调整。

（一）构建西部金融中心

金融产业是浐灞生态区确定的核心产业，也是生态区未来的最大产业特色。截至目前，西安金融商务区已成功引入了包括中国银行全球客服中心、长安银行等一大批重要金融机构入驻。

早在 2008 年，陕西省、西安市就确立了"建设浐灞金融商务区，构建西部重要金融中心"的战略目标。未来，西安金融商务区将构建以金融商贸为核心的现代服务产业体系。预计到 2020 年，西安金融商务区内的金融业增加值将达到 150 亿元。

（二）打造总部经济聚集区

浐灞总部经济区位于生态区核心地段，占地约 1 500 亩，拥有 100 余亩内湖及景观水系，集中配套体验式风情商业中心，稀有的水岸滨水办公环境极具吸引力。正在建设中的浐灞总部科研创意基地，规划建筑面积 110 万平方米，分商贸办公、科研办公、创意产业、商业文化及生态酒店五大板块，目前已有多家大型科研设计院和西部首家数字出版集团等优质企业入驻。

（三）力创"北欧亚"争辉"南博鳌"

欧亚经济论坛永久会址落户西安浐灞生态区，为浐灞生态区发展会展业，打造欧亚大陆桥会展中心提供了难得机遇。目前，浐灞生态区正在依托欧亚经济论坛，打造欧亚论坛综合园区，着力推动欧亚各国领事馆、代表性商会等入区落地，加快推进欧亚各国进出口商品贸易"示范区"的申报与落地工作，推进能源、金融、高科技等交流交易平台建设。此外，以欧亚论坛综合园区的发展带动西安金融商务区，力争确立"南博鳌，北欧亚"的高端论坛会展格局。

（四）发展文化和旅游产业

近两年来，浐灞生态区坚持错位发展文化产业，着力铸造文化品牌，积极构建以生态文化、创意文化、休闲文化和国际教育培训为特色的文化产业体系，为区域经济发展注入新的活力。

四、西安经济开发区释放科技文化"正能量"

西安经济开发区作为承接科研机构和大型央企的产业创新平台，正在以着眼长远的前瞻思维、敢于探索的创新意识、系统运筹的理性思考以及合理可行的切实举措，通过推进大型国企科技创新，引进国家级科研力量，全面提升区域产业协同能力、系统集成能力、综合竞争能力和可持续发展能力，努力用科技文化引领区域经济发展。如，汽车工业，技术上以陕汽集团国家级企业技术中心、博士后科研工作站等为依托，形成国内领先、与国际接轨的汽车产业技术研发平台；充分发挥西北有色金属研究院、国家超导材料制备工程实验室、陕西省航空材料工程实验室的优势，形成新材料产业集群，等等。

第三节 文化引领：开辟未来西安独具特色的文化之路

城市，因人而生，为人而存在。未来的城市，不应是钢筋混凝土的"森林"，更不应只是国内生产总值的创造地，而是以人为本的高科技之城、人文宜居之城、风景秀美之城。以人为本，是未来城市建设与发展必须尊崇的核心理念。用日新月异的科学技术，使居住在城市中的每一个人都能享受到自然、和谐、美好、现代的生活。西安未来的发展道路，将以文化为推动力，建设独具特色的风韵之城。

一、"新旧分治"塑造城市新特色

西安的历史遗存丰富，文化底蕴厚重，在城市发展中面临保护历史文化遗存和加快推进城市化的双重任务。近年来，西安着眼突出历史文化特色、挖掘文化内涵，塑造城市个性，彰显城市魅力。其方法是，通过"新旧分治"，探索出了一条在发展中保护，在保护中发展的城市建设新路子，形成了古代文明与现代文明交相辉映、老城区与新城区各展风采、人文资源与生态资源相互依托的城市特色，千年古都焕发出新的活力。

二、"皇城复兴计划"重现唐长安的恢弘气度

从 2004 年开始，西安启动了以还原古都历史风貌，重现盛唐雄风为主题的"皇城复兴计划"。在总体规划上，严格控制老城区建筑高度，统一建筑风格和色彩，保护优化了"九宫格局、棋盘路网"的传统布局。在历史街区改造上，完成了城墙及顺城巷的连接贯通，实施了北院门、三学街、德福巷、湘子庙等历史街区及东西南北四条大街和解放路等主要商业街改造，保留恢复了传统庭院式格局和建筑风格。在文物古迹保护上，完成主要城门的修复改造和护城河景观整治，加强了对 33 处文物保护单位、102 座传统民居、15 座优秀近现代建筑的保护修复，形成了老城保护体系。在城市功能疏解上，实施了行政中

心北迁、棚户区改造等一批重大工程，建设大兴新区，承接人口转移。通过实施皇城复兴计划，让长安古都盛世的记忆与今朝的梦想得以重现，使历史文化和现代文明在这片古老的土地上碰撞出绚烂的火花。

三、"保护开发并重"谱写大遗址保护之华丽篇章

西安拥有极其丰厚的大遗址文化遗产，仅周秦汉唐四大遗址保护区面积就达 108 平方千米。毋庸讳言，大规模遗迹现状为保护工作增加了难度，也成为经济上的负担。如何把负担转换为发展的动力，这是一大课题。

西安把遗址保护与遗址区经济发展、民生改善、城市建设、文化传承紧密结合，探索出了具有西安特色的遗址保护新路径。在运作模式上，坚持政府主导、社会参与、市场化运作，充分调动各方面积极性，形成了遗址保护开发的合力。在保护方法上，为确保遗址的完整性、原真性，运用现代科学技术，把遗址本体和周边环境共同纳入保护范围，恢复地标性标志，实施整体保护。在保护形式上，尊重历史，因地制宜，形成了以大明宫国家遗址公园和秦始皇陵遗址公园为代表的国家公园模式；以西安城墙景区和曲江池遗址公园为代表的市民公园模式；以大唐西市博物馆为代表的民营投资模式；以汉杜陵遗址公园为代表的退耕还林模式。通过大遗址保护，丰富了文化"看点"、打造了城市"亮点"、破解了发展"难点"，最大限度地改善了民生，实现了保护成果由人民共享。

四、"组团式发展"打造国际大都市现代新区

在保护重现老城区历史风貌的同时，西安继承具有传统风格的九宫格局，按照"一城多心、组团发展"的思路，加快阎良、临潼、户县 3 个城市副中心，周至、蓝田、高陵、常宁、洪庆 5 个城市组团和 60 个中心城镇建设，通过生态绿地、农田和水系将主城区与各组团及其之间进行合理分隔，避免了"摊大饼"式发展，有效破解了城市化推进中形成的"大城市病"难题。在老城区和城市外围组团之间，依托快速发展的开发区，形成了高新区 CBD（Central Business District，城中心商业区）、未央新城、大唐不夜城等一批高标准建设的城市新区，它们成为西安靓丽的名片。深入开展城市建设管理提升年活动，加快主城区景观改造和城市主要出入口、旅游景点周边环境整治工作，城市面貌焕然一新。

五、"山水林同构"创建西部生态宜居城市

西安地处西北地区，生态环境比较脆弱。强化生态环境建设，关乎可持续发展大计。近年来，西安以创建生态宜居城市为目标，按照"山水林同构"的思路，不断加大生态建设和环境治理的力度。其措施主要有：其一，加大秦岭北麓生态保护，加快西安附近的黑河森林公园、朱雀国家森林公园、翠华山国家地质公园的建设。在各区县实施天然林保护和退耕还林工程。如今，秦岭北麓森林植被和生态功能正在逐步恢复，秦岭已成为西安的天然氧吧和后花园。其二，加快渭河城市段、浐河、漕运明渠、太平河、幸福渠等综合治理和湿地保护，建设浐灞河流域生态区和曲江南湖、汉城湖景区，构建黑河、石砭峪和李家河水库"三大引水"工程体系，形成了以城市河道、城市水景、山原水库和平原水库城市水系，城市生态水面达4.5万亩，"八水绕长安"的盛景初步显现。其三，加快推进泾渭湿地自然保护区、渭河滨河生态带、灞河入渭口万亩生态湿地等项目建设；实施"绿满西安，花映古城"植绿大行动；新建了浐灞国家湿地公园、曲江池遗址公园、唐城林带、贞观文化广场等一批休闲绿地，绿色已成为西安的主色调。2010年，森林覆盖率达到44.99%，建成区绿化覆盖率39.71%，空气质量好于国家二级标准（良好）以上天数达304天，被评为国家卫生城市和园林城市。

六、"破茧重生"文化产业提升城市发展软实力

现代城市的发展，离不开文化产业。文化产业是以文化为灵魂，以创意为核心，以科技为支撑，以知识产权保护为保障的知识密集型、智慧主导型、资源节约型产业。文化产业已成为世界各国包括美国、英国、韩国、日本等国的支柱性产业。比如，美国的电影业和传媒业、德国的出版业、英国的音乐产业、日本的动漫产业、韩国的网络游戏和电视剧、印度的歌舞都已成为国际文化产业的标志性品牌。

西安通过积极的探索、广泛的借鉴，其文化产业的发展将汲取千年来的文化精华，打造全新的特色文化产业品牌，实现西安文化的复兴。其一，坚持从珍贵的历史遗存和丰厚的人文资源中探寻文化产业繁荣发展的新路径。其二，大力推进文化体制改革，将过去的国营事业单位的文艺团体、图书发行、出版社等进行转企改制，组建了曲江文化产业投资集团、影视集团、会展集团等，形成了一批知名文化企业和品牌。其三，以重大项目建设为抓手，建设西安博物院、关中民俗博物馆、大唐西市等一批文化产业重大项目，加快曲

江、高新、临潼等七大文化产业板块和广播影视、新闻出版、文化旅游等六大重点行业发展，打造文化产业亮点，形成了多层次、多主题、多元化的文化产业格局。

潮涨潮落，不仅是一种自然现象，也是一种社会现象。从世界范围上来看，曾经辉煌的城市，不可能永远辉煌，也会有没落的时期，但更有再度辉煌的巨变。曾经的西安是中国乃至世界政治、经济、文化中心；今天的西安，气象万千，风韵无限，充满着活力，洋溢着朝气，正在向着建设"国际化大都市"的宏伟目标，昂首阔步，奋力前行。

西安，一定会再现昔日的辉煌！

参考文献

[1] 张娜．西安攻略（西安最值得推荐的 69 个地方）．北京：中国旅游出版社，2008.

[2] 胡婕．本色西安．北京：中国青年出版社，2009.

[3] 李令福．古都西安城市布局及其地理基础．北京：人民出版社，2009.

[4] 陈平原，王德成，陈学超．西安：都市想象与文化记忆．北京：北京大学出版社，2009.

[5] 宗鸣安．西安旧事．西安：陕西人民出版社，2009.

[6] 徐卫民．十三朝．西安：陕西师范大学出版总社，2011.

[7] 张永禄．唐都长安．西安：三秦出版社，2010.

[8] 苏杨．城市的脚步：西安城市发展研究．西安：西安出版社，2011.

[9] 李满星．秦人的前世今生．西安：陕西旅游出版社，2007.

[10] 朱立挺．古都西安：长安胜迹．西安：西安出版社，2007.

[11] 张燕．古都西安：长安与丝绸之路．西安：西安出版社，2010.

[12] 李志慧．汉赋与长安．西安：西安出版社，2003.

[13] 毛曦．灿烂的历史文化与辉煌的现代文明的融汇：关于西安发展的文化思考．西安联合大学学报，2000（01）.

[14] 王亚荣．长安文化的定义及其特征．长安大学学报：社会科学版，2010（02）.

[15] 李娜，李黎明．西安文化软实力深层要素及其培育探析．理论导刊，2009（04）.

[16] 朱士光．长安文化之形成及深入推进其研究之管见．长安大学学报：社会科学版，2010（02）.

[17] 萧正洪．长安学应当成为"人文西安"的精髓．长安大学学报：社会科学版，2010（01）.

[18] 刘淑霞．唐代中印文化交流及其历史启示．唐都学刊，2007（04）.

[19] 刘志安．论弘扬古长安文化精神与现代西安精神的再造．西安文理学院学报：

社会科学版，2006（05）.

[20] 王桢. 古都西安的文化与特色：西安城市特色塑造的思考与实践. 建筑与文化，2008（07）.

[21] 韩涛. 略论唐代中原文化在西域的传播. 新疆大学学报：哲学人文社会科学版，2008（04）.

[22] 孔润年. 周秦文化的价值取向及其现代启示. 宝鸡文理学院学报：社会科学版，2001（01）.

[23] 黄留珠. 重新认识秦文化. 西北大学学报：哲学社会科学版，1996（02）.

后　记

　　本书是一项合作成果。全书由张宁确定基础方案、编写提纲，由张宇、张抒最终统稿。各章节具体参与者及分工如下：

　　第一章由柏民理、陈胜兵编写；第二、三章由张抒编写；第四章由张宇编写；第五章由李昕燃、姚晖编写，第六章由张抒、张宇编写。

　　在本书编写过程中，借鉴并吸取了学术界不少观点、成果，限于篇幅，未能在书中一一注明，祈请谅宥，并致谢意。

　　由于全书内容庞杂，囿于编著者水平有限，加之时间仓促，欠妥或遗漏之处在所难免，敬请读者予以原谅，并盼不吝赐教。

编　者

2013 年 5 月